そばにいる他者《ひと》を信じて子は生きる

――〈伴走者〉という役割――

折出　健二

目次

まえがき ……7
一 教育再生の鍵は「他者」にあり ……15
二 いま、子どもとどう向き合い、どう援助と指導をおこなうか
～個人のリスペクトをこめた関係性をめざして～ ……19
1 現実にめげず、自分なりに向き合おうとする生徒たち ……19
2 競争が徹底する義務教育学校で ……22
(1) いじめの質が変わってきた
(2) 不登校
3 子どもの「荒れ」、暴力性とその内面への作用をどう見るか ……28
(1) 子どもの「荒れ」とは
(2) 暴力には、その人の対人関係のアンサンブルが刻まれる
(3) エンパワメント empowerment
4 定通制課程高校の意義と役割を考える ……41

三　いま起きている問題とどう向き合うか　……49
1　「特別の教科　道徳」をどう見るか　……49
（1）問題の所在
（2）最近の道徳教育論議の落とし穴
2　いじめ問題への対応　……56
四　教育臨床と当事者性　……62
1　教育臨床とは　……62
2　何が求められていて、何ができるか　……65
3　援助するということ　……67
4　学生へのメッセージ　……73
五　哲学するとはどういうことか
～鶴見俊輔『アメリカ哲学』に学ぶ～　……77

六　精神医学との出会い
　～自立することにとって病理とは～　……83
1　木村敏『臨床哲学講義』を読む　……83
2　精神医学的なレビュー論文に学ぶ　……88
（1）前駆症状とは何か、についてのレビュー
（2）どんな示唆を受けるか
（3）伴走する他者の役割が大事
七　不条理にめげない
　～カミュ『シーシュポスの神話』を読んで～　……98
八　希望への道筋、怒りを込めて大いに語り、歩みだそう　……108
九　子どもと向き合い、子どもを信頼することの力　……115
1　作品の物語　……115
2　児童福祉の〈伴走者〉　……118

十　ある中堅教師へのメッセージ　……122
十一　子どもたちと共に人生の「窓」を開けよう
　～見守り、演じ、「明日」をみつめて～　……128
自分と外の世界をつなぐ「窓」を見つける
「自己肯定」の縛りを超えて
その子の「輝き出そうとするもの」を見ること、受け止めること
私（折出）の挫折、出勤困難体験から得たこと
不登校の背景：学校はどう変わってきたのか
あとがき　……151

表紙画：山下弘喜画集〈沈黙の小宇宙〉より　マスカット

まえがき

かつて古文の教材として読んだことのある吉田兼好『徒然草』。

佐藤春夫訳の文庫本（河出文庫、文庫初出二〇〇四年。出版自体は一九七六年の古典シリーズに収録）を手に入れて読みました。なるほど詩人らしい、やわらかな言葉のセンスで現代訳にされている本文は親しみやすく、兼好法師の機微に富む、物を見る目の確かさや上流階層の格式にこだわる見栄っ張り者への痛烈な皮肉、古くからのしきたりのほんらいの意味の紹介など読むほどにおもしろい。

彼は、出家者らしく、人生の些細なことの中にひそむ「生きる意味」を語り、死を怖れるよりも今を充実させ楽しむことをたえず説いている。年を取った人が「世俗のことに関与してあくせくと暮らすのは愚である」（第１５１節）など、いまと寿命も社会情勢もまったく違う時代とはいえ、もろもろの欲望にとらわれる自己自身から抜け出しなさい、という示唆は参考になる助言です。

同文庫版解説の池田弥三郎氏によれば、『徒然草』を大学予科や旧制高校の受験準備に読まされたそうで、そうではなく自由な気持ちで読んでこそ同書の味がふかくわかってくるものだと書いています。同感。

さて、前置きが長くなりましたが、このたびまとめた小著も、自由な着想で、子どもの育ち方、学校教育のあり方、教師・保護者のそれぞれの大人としての役割を、時々の問題を読み解きながら考えたものです。全体を貫くのは、私の生涯の研究テーマである「他者」論にもとづく〈伴走者〉の役割とはどうあればよいのかということです。どうぞ読者の皆様も自由に読んで頂き、何か一つでも二つでも参考にしてくだされればありがたい。

小著は、子育てや教育に関わる理論的・実践的な話題をもとにした論点と、子どもや若者の自立を支援する上でどうしても視野に入れておくべき自立の思想・考え方や精神医学的な知見にかかわる論点と、大きく二つのパートに分かれています。

私自身が、哲学や臨床的な精神医学に学生の頃から関心を持って学んできているので、そういう話題が一定の割合でこの小さな本の中にも入っています。その辺はむずかしいとお感じになれば、そこはスルーして、あとで気が向いたときに読み直してくだされば結構です。

それぞれの章は独立しつつもつながっております。共通の焦点は、〈伴走者〉という役割をどう意味づけ、実際にどう果たしていくか、です。つまり、少し気取って言えば「つれづれなるままに〈伴走者〉という役割を考えた本」、となります。

なぜ、いま〈伴走者〉なのか。

すでに、哲学者の鷲田清一氏が『語りきれないこと　危機と傷みの哲学』（角川学芸出版新書、二〇一二年）の中で、被災地の当事者の語りなおしをうけとめる「伴走者」というテーマに言及されています。そこで鷲田氏が「伴走者」という言葉でイメージ化しているのは、じっと横で見ていて必要なときに手をさしのべる介護士さんのような人、当事者が語りなおしをするプロセスをじっと見守り続ける「聴く人」です。そして、後者の「聴く人」は「身近な人」でもいいし、「臨床心理士のようなプロ」でもいい。「そういう伴走者に当たる人が、どうしても必要になってくる」と（同書、三四頁）。

私の場合には、鷲田氏の「語りなおし」における「伴走者」とは異なっています。日常的に、一人のひとが育ち、生き方に迷い、手探りしながら歩み出して自立に挑んでいく。そのプロセスに登場する、その人にとっての固有の他者を〈伴走者〉としています。教師や臨床心理士のような専門職者も含まれますが、もっと日常的には、一人の保護者・市民であるひとが〈伴走者〉となる可能性があります。

ただし、それは義務ではありません。何か外の力による強制でもありません。自発的に、「私がこの子（ひと）の伴走をしてあげられるのかもしれない」「私にはその役目ができるかもしれない」と気づくことが大事です。

「役柄」にしようかどうしようか迷いながら、「役割」という言葉を使いました。英語で言う、ある営みに参加していく「テイク・パート」に近いニュアンスを表したかったわけです。それと、私には、ジャン・ジャック・ルソーやゲオルク・F・ヘーゲルの思想の影響がありまして、人間としての普遍的な理性または人間的本性という自然を私たち一人一人は分け持つ存在であるから、一人の人間として、誰かの〈伴走者〉であるという役をみずから引き受ける、という主体性も込めて「役割」としました。

私のこうした見方・考え方は、本書第一章に収めた『中日新聞』夕刊文化欄に寄稿した小論で触れているので、そちらにゆずるとして、その「役割」と名づけたことをもう少しふくらませておきます。

私は、この十年近く、教師の指導に関わって、子どもという他者に対する教育者の役割の意識化と関係性の結び方が教育的な関係をより善いものに築く上で必要だと考えてきました。そのためにはどういう「伴走的な」形成作用が必要か、を様々な教育実践に学びながら考えてきています。その際、教師が出会う相手の意味での〈他者〉についてはいろいろの論者が述べているのですが、子どもにとって、その保護者にとって、さらには同僚に対しても教師自身が、〈他者〉であることを述べた人がいません。これを私は「教師の他者性」と呼んでいます。

これには多くの読者は、疑問ないし批判的な感じを持たれるでしょう。「教師の主体性」が大事で、「教師の他者性」などというのは教師の役割を消極的にするものだし、何を指導すべきかが却って見えにくいではないかと。

ところが、私の視点では、「教師の主体性」は自己自身がかかわる周りの人びとに対していかなる〈他者〉として登場するかを自覚できるときに初めて具体的に現れるのです。すなわち、〈他者〉としての役割を知ること、それを意識して行動すること、これこそすぐれた「主体性」なのです。なぜなら、その「役割」は、相手（個人とは限らず、グループや集団でもあり得る。）との関係性の認識の浅い・深いにほぼ応じて発揮されるからです。

このことは、教師の仕事だけではありません。家庭の子育てでも、職場の同僚同士がむすぶ関係でも基本的には同じことが生じております。

このように見てくると、〈伴走者〉という役割には、そのひとの「いま・ここで」生きている関係性の総和的なもの（アンサンブル）が凝縮されて現れるといえます。ただし、それは固定したものではなく、そのひとの〈伴走者〉認識が変わり、行動をささえるものの見方・感じ方がより深まれば、変わり得るのです。

いまや教育界は「スタンダード化」「ユニバーサルデザイン」、さらには授業での「アクティブ・ラーニング」など、次々と「新しい」価値観や技法アイデアが持ち込まれ、まるでアメリカの教育改革や教育実践の追随者のようです。

「生活指導」の歩み一つを取ってみても、一九二〇年代から日本の教師たちが日本の子どもたちに対して悪戦苦闘しながら開発してきた、豊かな教育思想と指導の技法と、何よりも生活主体として子どもをみる子ども観を持っています。「昔に還る」の意味ではなく、その反対で、新たな教育を創造していくには、足下の教育的原理をくみ取り、これを現代的なテーマで高めあっていく方が、理に適っていると思います。

日本ほど教師が子どもたちの人格形成の多様な面に関わり、その指導技法を開発してきている国は少ないのですから。問題は、その研究と開発と実践に、多様性と共に、制度上のきちんとした自由をいかに保障するか、です。

そのような教育学研究の思いも、本書のあちらこちらに顔をのぞかせていると思いますが、ご批正もいただいて、今後のいっそうの研鑽に当たりたいと思います。

二〇一五年八月　蝉しぐれに包まれながら

折出　健二

一　教育再生の鍵は「他者」にあり

最近よく見かける「関係性」は「関係」とどう違うのか。例えば、「家族関係」は親子や兄弟の事実を表すが、「家族の関係性」は親子の間の親密さや兄弟がつながる内面も指している。「関係性」には、働きかけ、働きかけられる相手の意味が含まれる。生きる上で不可欠の他者のことである。

揺れる思春期、他者との出会いは特に大切な宝である。

過日、見る機会があったイタリア映画「ローマの教室で」（二〇一四年夏に公開）は、公立高校の困難な生徒たちとその心をつかもうとする教師との人間的きずなを味わい深く描いていた。

人生に脚本はないが、本番のドラマが待ち受ける。善き他者を得て自分の世界を拓（ひら）くことができれば素晴らしいが、いつも主役ではない。誰かの他者であるのも大事な出番だ。この自他の関係性は心に刻まれ、その人の人生を豊かに彩る。特に学校教育は、生徒と教師の出会いの数ほどその物語が生まれる現場である。問題行動をめぐってでさえそうである。

ところが今、教育現場でこの関係性が危うくなっている。「選択の自由と競争・評価」の徹底による社会秩序こそ最良だとする考え方が学校社会にも浸透しているからだ。ＰＤＣＡ（プラン・ドゥ・チェック・アクション）による学校挙げての成果主義を推し進め、秩序と規律を守らせる「毅然（きぜん）たる指導」がマニュアルとなって作用している。子どもも教師もこのシステムに順応できるかどうかで評価され区分される昨今だ。そのため、集団はつながりのないアトム（粒子）の集合へと変容し、関係性の育つ土台が崩れかけている。

「自己責任」と「非寛容」の指導は表裏一体で、問題解決を本人に還元し、他者と意味や感情でつながる関係性を断ち切っている。こうして、秩序と規律に従う者と締め出しにあう者の差別化が意図的に持ち込まれ、緊張関係が日常化している。排除の相手を「もの」化して集中攻撃するいじめは、以前の「集団いじめ」とは違う。二〇一三年七月に起きた名古屋市中学男子の自死事件もこの構図と無縁ではない。

それでも、自分を認めて受容してくれる他者の言葉があれば、失いかけた自信を取り戻し、状況は開けてくる。共育ちの関係性が生きる力となる。逆に、自分を圧迫する他者にいつも監視されていると、「明日」は見えない。これは誰でも体験することで、日々の息苦しさの原因はこの閉鎖的な関係性にある。

大人は子どもの他者となるべき存在であり、その登場・出会い・双方の物語が決定的な意味を持つ。「教師に三役あり」の話（作者不詳）がある。actor（子どもを支える役者）、Doctor（傷つきや痛みを和らげる医者）、fortune-teller（未来を共に語る予言者）である。いずれも、教師はどの場面で、どういう他者として子どもの前に立つか、その基本を言い当てた至言である。子どもにとって親は第一次的教師としての役割があるのだから、「三役」は親にも通じるものがある。

教育と子育てを本来の姿に取り戻すために今できることは、私たちが子どもの成長に資する共育ちの他者を多彩に演じ、子どもの成長の〈伴走者〉となることだ。

殺伐として将来の見えない社会環境ではあるが、希望を探す限り、人々の関係性は可能性を秘めている。自己知の問いかけに応答してくれる共育ちの他者が現れるならば、人は内なる応援者を得て、元気に歩み出せる。あらゆる年代の人々が今、その他者＝〈伴走者〉を欲しているのである。

二　いま、子どもとどう向き合い、どう援助と指導をおこなうか

〜個人のリスペクトをこめた関係性をめざして〜

1　現実にめげず、自分なりに向き合おうとする生徒たち

「私は、今のクラスでやっと息ができるようになった」

これは、定時制・通信制課程のある公立高校で、図書室の司書教諭が、たずねてきた女子生徒Ａさんから聞いた言葉である。いじめ被害体験や不登校経験の生徒が入学者のおよそ7割をしめるその高校で、Ａさんは、クラスに自分と同じようなつらさを経験してきた人がかなりいる、自分だけじゃないのだとわかって、ようやく居場所を見つけて安心して自分を出せるようになった。その思いが冒頭の言葉になった。

愛知県高等学校教職員組合定通部編集委員会による『愛知の定通制高校に通う生徒たち』(二〇一〇年度)には、さまざまな生徒の実態が報告されている。

ある生徒Bさんは、家庭の困窮を抱えている中で、就職試験に失敗して、当初考えていなかった定時制高校に入学した。彼女が小学校高学年のとき、父母が離婚して、母親が末の妹を連れて家を出たが、その後母親は失踪して妹は母方に預けられた。一家三人で愛知県に引っ越してきたが、家計も暮らしも厳しくても親戚からの援助もなく、ついに中学校も不登校になった。

定時制高校に入学してからは、弁当屋のアルバイトで週5日、1日6時間働いて、その収入から携帯代と学校の費用を除いて残りは全て家計費に充てている。「暗い過去のことは忘れてしまった」。聴き取りをした教師に、彼女はそう言って笑ったそうだ(同冊子、七~八頁)。

しかし、こうした肯定的な自己を出せる生徒ばかりではない。

「この社会は平等じゃない。うちには金がないので、取れるはずの資格も取れない。だからやりたい職には就けない。助けてくれる親戚もない。生きている世界が違う」

これは、母子世帯の工業高校生（埼玉）が語った言葉だ（青砥恭「若者と貧困格差社会の中で絶望的な孤立の中で生きる若者たち」『前衛』二〇一五年八月号所載、二一八頁）。同じような（あるいは、もっと困窮の）生徒たちがどんな気持ちを抱いて生きていることか。競争原理の徹底や「自己責任」主義で各個人・各家庭の経済力にすべてがゆだねられるように、問題が個別化される現状にあって、小学生・中学生・高校生の生活現実には厳しさが増している。

家庭はもちろんであるが、学校が彼／彼女の居場所にならなければ、ほかには帰属できるコミュニティがない。支援の社会的・制度的な資源が身近にない（前掲、青砥論文）。社会の格差化・階層化のもとで、子どもの発達段階に応じた各校種の学校において、子どもと支援の関係性をどう構築するかが根本から問われる今日である。その根底には、教育と福祉の相互に結びついた学校教育の原理の確立と充足というおおきな課題がある。

2　競争が徹底する義務教育学校で

（1）いじめの質が変わってきた

二〇一三年七月には、名古屋市内の公立中学校2年男子の飛び降り自殺の事件があり、二〇一五年二月には、川崎市で中学1年男子がグループの暴行により死に至る少年殺害事件、同年七月には、岩手県矢巾町の中学2年男子の鉄道自殺と、若い命が奪われる事件が起きた。

これらの背景にある特定の生徒を標的にしたいじめ・暴力は、かつての「よわいものいじめ」からすると質的にも変化している。

その特徴は、学校の競争参加が日常化して常に他者を競う相手と見ることが大前提とならざるを得ない思春期の人間関係のおおきな変化がある。しかも、その競争秩序の周辺にいる者同士で相手を攻撃し、いじめを重ねる。排除されがちな者同士の間でさらに特定の者を排除する。このような入れ子構造的ないじめ・いじめられ関係が今日の特徴である。

いじめにあう子どもの vulnerability（傷つきやすさ）も、ただ本人がおとなしいとか、体力的にも弱いということではなく、競争秩序のもとでの被抑圧・見下され体験も加わった傷つきやすさと見なければならない。

あらためて「いじめ」とは何か。

それは、集団内のある関係性において優位にある者が弱い者に力を乱用して辱めを加え、人権を侵害することだといえる。それは、言葉や態度・物隠しなどによる〈嫌がらせ〉に始まり、よりはっきりと特定の者を標的にした支配といたぶりの〈心理的身体的攻撃〉へ、ついには集団的なあからさまの排除（迫害）に至る。

いじめる理由はなにか。自分が認められるという他者との確かな関係性のある肯定的な自己像が日常的にもてず、外から壊された、あるいは外部の力でコントロールされ続けたと受け止める体験が当人にあって、この人間関係の巻き返し、埋め合わせ欲望があるからである。当人は、外からコントロールされたその自己の存在の弱さ・低さを、弱い相手や異質とみえる相手に攻撃、辱めを加え、支配する行為で埋め合わせようとするからである。

ただし、葛藤や不安定さがある子どもが必ず深刻な暴力またはいじめを行うわけではない。暴力またはいじめしか、自分へのリスペクト（尊重）を周りに認めさせる手段がないと当人が感じる時に、そうする。当人にとってどのような〈伴走者〉が登場するか。ここにおおきな意味がある。暴力やいじめに頼らなくても自分が自分であることを受け入れてくれる他者（仲間または教師）がいるという他者認識と見通しを当人が持てるようになれば、それらは減少する。

恐怖を伴う手段での自殺には、「トンネル」現象があるといわれる。今の苦痛を振りはらうには、この暗いトンネルの「出口」を早く出たい。その決行は最後のエネルギーをふりしぼる行為であり、それができるのは、自殺が、当事者による反撃ないしは抵抗のエネルギーの現れという意味を持っているからである。

（2）不登校

長崎県佐世保市で開かれた「子どもサミット」（二〇一五年六月）に参加した。

現在、高校一年、三年、フリーターの四名の若者たちがパネリストをつとめ、心の内を語ってくれた。若者たちは、　小学校時代のいじめによる不登校ではほぼ共通している。

ここに、シンポでの発言から差し障りのない部分を紹介する。

・「不登校」の言葉がなくなれば、もっと自信を持って生きられる。

・不登校は間違っていない。

・不登校経験からみるアニメ（たとえば、「どらえもん」）は違って見える。

・現在通う通信制は、自分のペースで学べる。

・小学校の時、いじめにあっていらだって、木刀を削ってとがらせて近所の草原にはいって、雑草を刈るように木刀を振り回した。

・不登校になっていたとき「人生は終わった」と思ったが、趣味を見つけて「悪いことではない」と思えるようになって、自分のペースが持てた。

・（親には）不登校をしている私が語り出したときにじっと聴いて欲しい。

・（同じく）そっと（信頼できる大人が）横にいてくれればいい。

このように、不登校体験者には、とても繊細な、他者との関係性に対する思いが働いている。自分の生きる空間へのこだわりは不登校経験の中から育ってきたものであろうが、そのことと、社会とのつながりの離断の苦しみとの葛藤がある。

不登校には、その子どもなりの自分の居場所へのこだわりがある。ある生徒はこう語っている。

「学校は勉強や部活動、人との交際が得意な人のためにある。自分は全部ダメだった」（前掲、青砥論文）

この生徒は、自分の現実を「全部ダメだった」と認知したようだが、眼で（自分の）眼を見ることはできない。自分の実際の姿が果たしそうなのかどうか。もっと客観的に見られるように、友人なり、教師なり、あるいは別の人が、この生徒の見ている「現実」に対して、「決してそうではないよ。○○の面があなたにはあるよ」と、その「現実」イメージを崩していく他者、〈伴走者〉の登場がなかったことが惜しまれる。もちろん、そのためには、ただ情緒的に本人の思いを打ち消すのではダメで、ほんらいの学びとは何か、出会いとは何か、にたいする視点を持った助言が必要だ。前に引用した、「このクラスでやっと息が出来た」という生徒も居るのだから。足元に可能性は必ずある。

3　子どもの「荒れ」、暴力性とその内面への作用をどう見るか

（1）子どもの「荒れ」とは

「荒れ」という言葉は、二〇〇〇年代における主に小学校高学年で見られた指導拒否、クラスや学年の無秩序な状態を指して使われた。それは学術的な定義ではなかったが、教育現場の実感としては、「荒れ」としか言い表しようのない困難さがあったことは確かである。いま改めて「荒れ」を考えると、それは、目標

や要求の不明なままに自己の内的状態をそのときの気分で表出する子どもたちの現象だといえる。

明確にそこに不足しているのは、人としての自律的なものの基本である。自律は、autonomy と表されるが、この英語は、元はラテン語の auto-nomos（「自分のルール」）＝self-rule を意味している。小さなことからでもいい。子どもも自身がルールを持って行動できるようになれば、みるみるうちに変わっていく。

ある小学校高学年の男児は活発で、学校から帰るとすぐに鞄を放り出して友達と遊びに行く、母親の言うことには反発するという日々で、手を焼いていた。ところが、一緒に暮らす祖母が或る病気で入院して、母子家庭の彼にとって、外で働いている母親が家事から病院の付き添いから何から何まで追われているのを知って、洗濯物を取り入れる、食事の後を片付けるなど、身近な手伝いを自分でやりはじめた。すると、学校でも、「やんちゃな」子どもと見られていた彼が、今までとは違って落ち着いた、どんどん物事に協力する姿に変わってきた。子どもなりの「セルフ・ルール」が育てば変わっていく一例である。

いまひとつ、「荒れ」の背景には、「慢性的不機嫌状態」がある。これは、アメリカの精神医学者、J・L・ハーマンが名著の中井久夫監訳『心的外傷と回復』の中で使っている用語である。

児童虐待や抑圧・暴力の被害者に現れる他者感情のことをいう。少子化のなかで、他方、競争が激化し、家庭では保護者は子どもの将来を思えば、成績評価につながることや競争を乗り切る能力につながることはできるだけのことをしてやりたいし、また自分で少々のことには立ち向かう力を持って欲しいと、「しつけ」あるいは「習い事」に力を入れる。

うまく子どもと対話しながら、子どもの気持ちもくみ取りながらそれらが進めばほとんど問題はないのだが、たとえば学習塾の成績のこと、稽古事のことなどで、親からたえず厳しくチェックが入るうえに、「なにをしているの！　こんなことでこれからどうするの！」と罵声が飛ぶような環境では事情が大きく違う。この状態は、確かに虐待ではないけれど、マルトリートメント（maltreatment）

といわれる、親の思うように子どもを操作する、手荒な扱いになっていて、こういう環境に育つ子どもには「慢性的な不機嫌状態」が生じやすい。問題は家庭だけではない。小中学校で見られる背景要因としては、教室で教師の対応も大事な側面である。

前学年の学級担任による厳しい管理で、言いたいことも言えない学級生活を過ごした子どもたちは、次の学年で、別の担任が特に甘いわけではなくても、やりたい放題の「荒れ」を見せることがある。自分の指導に何か問題があるのかと悩みつつ、時間をかけて子どもたちから聴き取るうちに、前担任の管理主義が浮かび上がったという例は少なくない。

加えて、最近は、全国一斉学力テストの学校・学級の成績結果にどうしても敏感にならざるを得ない状況が作り出され、「学力向上」が全校の合い言葉となって、「勉強」に追い立てられる強迫的な現実が子どもたちを覆っているのもひとつの傾向である。

では、どう介入し、指導・援助を組み立てるか。

まず、「荒れ」を見せる子ども個人あるいは子どもグループにはどのような生活背景があるのかに目を向け、その当事者（子ども本人）と保護者からも話を聴くことを大事にする。「忙しくてその余裕はない」と教師はよく話すが、これから何ヶ月も子どもたちの「荒れ」に振り回されて自分が苦しむよりは、何がどう作用しているのかをある程度つかんで、指導のあり方や学級での活動の取り入れ方に工夫をしていくほうが、教育実践としての手応えは違ってくる。

ここでポイントは、当事者である子どもと一緒に、その直面している問題を読み解いていく関係性を意識した関わりをすることだ。初めから「問題児」と見なしていかに押さえ込むかをもくろんだ関わりは、かならずつまずく。子どもにはそれがわかるからだ。「声をかけてくるが、ぼく（わたし）のことは全然わかっていない。わかろうとしていない」と。

こう書くと、中には戸惑う教師もいるであろう。教師たる者、解決の方向性を持って子どもにあたるのが務めだと、プロ意識があるからだ。いつも「答え」を用意してから子どもと対話して、子どもを導こうとするその関係性をみずからも脱していくようにしないと、「荒れ」の子どもたちをそこから救うことは出来ない。一緒に現実を読みひらく対話を行うことに「正解」はない。しいて「答え」をいえば、それは子どもの応答の中にある。

その子ども（たち）が、親や家族をどう見ているか。学校（学級集団）の生活を、部活動などを含めてどう見ているか。いま通っている塾や習い事をどう受け止めているか。その思いが言語化されていないまま、鬱屈して気分的な行動に流れてしまう。あくまで話を聴きながら読みひらくのだから、教師から「答え」を出してそれに従わせる必要はない。何にこだわり、自分はどうしたいのかを気づかせるのが、ここでいう「読みひらく対話」のポイントなのである。

そのときに、教師だけではなく当事者の属する班・グループの仲間が参加する場合もあり得る。子どもは、同年代の子どもから言われる言葉にはとても影響される。当事者のことをよく知っており、当事者が自己否定面ばかりをあげても、そのなかにある肯定面を見つけ出せるような感覚も、仲間のなかにはあるものである。

（2）暴力には、その人の対人関係のアンサンブルが刻まれる

ジェームズ・ギリガン（J. Gilligan　元ハーバード医学校教授）は、三十年近く、精神医学者として受刑者の聴き取りを継続してきた（J・ギリガン、佐藤和夫訳『男が暴力をふるうのはなぜか』大月書店、二〇一一年）。

以下は、この暴力研究の成果を私のしごとである生活指導論に引き取って、まとめたものである（カッコ内は原著者の言葉）。

①暴力問題の本質は、「どうすれば他者と共に生きることを学ぶことができるか、にある」。ここは大事な点だ。暴力も、関係性という本来のテーマを内側に持っている。

②暴力に走って事件を起こした者たちは、共通して「あいつは俺を見下してバカにした（He disrespected me. =He dis. ed me.）と答えている」。これに対して「あなたがそうまでして手にいれたかったものは？」と聞くと、「誇り、尊厳、自己肯定だ」と答えている。

③「暴力の目的は、他人に対して尊重を強要することである。自己肯定感が低い人ほど、集団の中での否定的自己像を覆したくて、強制力で周りの他者をコントロールしようとする」

④親が受けた恥辱感や屈辱感を「身代わり」に子どもにぶつける行為（言葉や身体的暴力、無視、育児放棄等の虐待環境）が、子どもに暴力をふるわせる。（自分の欲求を暴力で充たすことを子どもが学習する）。

以上のギリガンの研究から、暴力は、当人が持つに至った対人関係のアンサンブルが刻み込まれていることがわかる。暴力を振るってまで手に入れたかったものが「誇り、尊厳、自己肯定」ということは、伏線として、そのようなリスペクトを当人に払う〈伴走者〉の存在が重要な鍵を握っていることを示唆している。ギリガンが対象にしたのは成人の受刑者たちだが、彼によって解明された暴力性の心理的中身は少年期・思春期の子どもたちの暴力を食い止める上でも参考になる。

二〇一五年六月、非常勤で教えている愛知県立大学教育福祉学部の基礎科目「教育臨床」の一環で、受講している学生たちと共に瀬戸少年院に訪問・見学に行った。法務教官の方の講話がとても良かった。その内容は割愛する。そのあと、施設内見学をさせていただき、入院生たちの手記や作品を展示している部屋で、或るビデオを視聴した。それは、瀬戸少年院の入院生たちが、「ゆめ」をテーマに自分たちで話し合って3分間の映像作品を作ってコンテストに応募し、管轄している名古屋矯正管区長賞を受賞したものである。顔は出せないので、ナレーションで、光のアートを使い、非行に走ったいきさつを語り、「alone」と映して「ひとりぼっちになっていた」などの心境を巧みに表していた。

そして、面会に来てくれた母親に初めは冷たく応じたが、その後、母親から手紙が来て、そこにはにじんだ文字がいくつかあった。母親の涙を知って、立ち直らなければいけないと思ったと。その場面では、手紙らしき四角のラインに、ハートマークが付いていた。

手紙のにじんだ文字。それを感じ取り、受け止める〝他者感知能力〟が少年院の教育で引き出されれば、十分に立ち直っていけると思う。それは、自分に払われるリスペクトを感知し理解できる能力でもある。

(3) エンパワメント empowerment

子どもたちの支援・援助を考える際に、エンパワメントというテーマが不可欠になっている。この言葉は、もとは社会福祉分野や女性解放運動で使われてきた国際的な言葉だが、最近は、子育てや教育実践でも使われるようになった。いざ定義づけるとなると難しさがあるが、私なりに次のように捉えておきたい。

「社会的弱者やマイノリティの権利獲得と自立を支える営み」

ここでいう「弱者」とは、自己表現を奪われた人、内的な世界を壊された人、保護を必要とする人を総称している。「マイノリティ」とは、たとえば発達障害のある人、外国人籍の人、少数ではあるが性的な生き方としては対等を求めるLGBT（レズビアン、ゲイ、バイセクシュアル、トランスセクシュアル）などを指している。

こうした人たちは、社会の各層の集団でいじめにあったり排除されたり、差別を受けたりして他者との関係が離断され、孤立無援になっている。その一人一人に自分を表現する機会を与え、他者と関わる力を取り戻すように働きかけることがエンパワメントである。そういう関係性の築きなおしを経て、その人びとは自立に挑んでいくことができる。

ここで重要なことは、「弱者」とは「誰のことか」などと、個別の対象者探しをすることではない。それは選別・差別の巧妙なやり方であって、支援とは逆向きである。そうではなく、もっとも支援を必要としている人に対する配慮、理解というケアは、他の、なんらかの問題を抱えるすべての子どもの支援にあたっても活かしていくことが必要なのだ。エンパワメントとは、対象者ごとにそれを発揮したりしなかったりする行動領域を言うのではなく、他者との相互的な自立に迫るさいには、いつでも・どこでも働きとして現れる人格形成機能なのである。

さらに、私たちは誰でも、他者との間で見るときの相対的な「弱さ」をもともと持っている。それは、多少に拘わらず、援助や保護を受ける存在だということである。子どもでも大人でも、周りの人に支えられ、助けられて生活することができている。このことを実践で立証して、おおきな人間形成のテーマを社会に投げかけてきたのが「べてるの家」の活動である。

「べてるの家」から学ぶことについて、ここで言及しておきたい。

この「家」は、北海道浦河町（日高山系の南、えりも岬の手前にある、太平洋沿いの町）に一九八四年、牧師の宮島利光氏が障害者を受け入れ支援する施設として、開設。「べてる」は、聖書の「神の家」＝Bethel からきている。

現地に何度も通い、きめ細かく聴き取りをした斎藤道雄『悩む力　べてるの家の人びと』みすず書房、二〇〇二年がすぐれたレポートとして有名。

それによると、宮島牧師は当時、アルコール依存の人たちを受け入れた。その後、対象者は広がり、社会的ハンディキャップを負わされ、若くして精神的疾患になり、入退院を繰り返してきた人なども同居するようになった。それは「弱さを絆として共に生きようとする群れ」（同書）である。

そこには、「ともに笑うということ」「管理ではなく、ぶつかり合いと出会いによってものごとを解決していくこと」「そこを通して自分を世界につなげること」など、「べてるの家」ならではの実践と活動の豊かさが築かれてきた。

たとえば、「べてるに行くと病気が出る」、つまりその人の抱える病理がおのずと現れるといわれたが、そこの住人たちは、「誰も排除しない、落ちこぼれをつくらない」という生き方を共有してきた。何かが起きると、常にミーティングを開いて、「みんなでいっしょに悩む」。

斎藤氏によると、強いものの社会は上昇社会で、そこには「真につながる」ことがない。「べてるの家」の人びとは、自分が受け入れられ支援された体験から「つながりを生み出す他者への思いをよりどころに人は生きるのだ」ということを学んできている。そこには「生きづらさを生きるという力」が生み出されている。

このような活動は、わが国の社会に実際にエンパワメントの人権思想が根付いていることを示す一例である。各地の子育て・教育の活動にも、まったく同じではないが類似する相互支援、生きづらさを生き抜く力の獲得への支援という人間変革をささえる営みは地道に行われている。

4　定通制課程高校の意義と役割を考える

愛知県の場合、一九八九年に全国に先駆けて複合選抜制度を導入して実施してきた結果、中学校教育が競争性と格差・序列の性格を強め、そのひずみをおさえようと、秩序に適応させる、それが出来ない者は排除され、はみ出していくのもやむなしの、排除型の管理教育が目立ち始めている。

これに、全国的なゼロ・トレランス方式（秩序に反する者の放置は多数を困らせ後退させることになり、非寛容にその対象者を排除する管理方式）が加わり、中学校、小学校で、「包摂と排除の切断線」（「全生研新潟大会　大会基調」二〇一四年八月）が強まっている。

義務教育を終えた段階で、経済的・文化的な窮乏層の子どもには、被排除的な経験から来る学校不信・教師不信があり、他方、中流階層の「競争に参画できる」生徒たちには競争トラックから降りられない強迫的な観念から来る、学校不信・教師不信（いずれも自分を追い立てる権力への敵対的感情）がある（一部、前掲青砥論文を参照した）。

だから、比較的、「成績のよい」とされる生徒の中からも、ある私的な生活問題（たとえば異性との交際問題、金遣いをめぐる家族とのトラブル）や欲望充足等から、犯行におよぶケースも起こりえる。

他方、高校教育も、一般的に、大学進学優先の競争性を強めており、「包摂と切断」の、青年期前期を相手とする管理の強化が進みつつある。こうした子どもたちを取り巻く環境の変化の中で、比較的緩やかな校風と単位履修の特色を有する定時制・通信制課程の公立高校への関心は当然増えるであろう。

思春期を生きる彼や彼女らにとっては、一人一人の生徒の個としての思い、他の生徒との差異の面、他の生徒と接するさいの互いの垣根、あるいは壁の部分が学校生活を重ねる中でそぎ落とされてきているので、それにその都度気分的に反発するか、あるいは自分の思いや感情をみずから封印して日々の課題や出来事にただしたがうか、いずれにせよ、先の見えない重い空気に包まれやすい。

それは、表向きは無反応・無表情の取っつきにくさとして現れるが、内面では、言いたいことがあるのに言えない「unspeakable」な葛藤（前掲、ハーマン）を抱え込んでいる。

教育研究全国集会２０１１の「登校拒否・不登校の克服」分科会で報告された櫻井善行（愛知）『七転び八起き』の人生　『こもった』子たちの軌跡をおいかけて」は、「こもった子」をこうとらえた。

「単なる引きこもりではなく、心が優しいにも関《マヽ》わらず今までの人生が、挫折の繰り返しによるトラウマがあるのか、素直に表現が出来ずに、心を内に秘めてしまう傾向が強い本校生徒の一般的傾向をさして称している」

この生徒像は、ハーマンの言う「unspeakable」なものを抱えている人とかなり重なる。まず、①他者との関係の遮断（実際には本人が切断されたという被排除感をいだいている。）からくる孤立無援感、②他者への不信と、自分を受容し認めてくれる他者の欲求との行きつ戻りつする葛藤、そして③内的不安を言語化したい衝動と、それを言語化したところでまともに聴いてくれる他者が登場するかという不安との揺れが生じている。

メディアは時折、少年事件に関して「心の闇」と呼ぶが、正しくは、心の闇があるところには、その内側に闇を照らす光への欲求もまたあること、その外側には、闇と認知されるのとは違った世界があること、を見ておくべきだ。

つまり、心の闇とは、闇を超えていく何かを潜めている状態だということ。プラトンの「洞くつの比喩」が教えるように、本人が今見ているのはおのれの実体の「影」であって、その洞くつから一歩外へ出て、その「影」をなしている自分の実体の世界を知ることで人は変革していく。その「魂の向け変え」（プラトン）が、教育における支援・援助の役割である。

この状態を支援して乗り越える方向性としては、本人が語り出したいときにきちんと語る・それを聴き取る関係をつくることで、本人のなかに自分が歩んできたストーリーとしての認知の枠組みを形成することである。

それができれば、一つのステップとして被害感情や被排除感などを乗り越え、いま、これから自分は何をしたいか、小さな空間の中でも何が出来るか、自分がどのようにあてにされているかに応えようとする。

他者の求めることや頼み事、あるいは提起されることに応えようとする対他者関係は、自己への信頼の取り戻しに繋がり、今までになかった前向きな生き方、責任感、自分の行動への自信などが生まれて、変容が目に見えて現れる。

なお、上記櫻井報告のいう「避難所」は、図書室・保健室・相談室をさしているが、このような避難所が学校の中に設けられていること自体は大事である。届け出の用紙があって、一人あたりの使用制限があるにせよ、本人が理由を書き込んで担任が認めれば、授業中でも避難所に行ける。たとえば、「頭が痛いから」と書いて図書室にくる生徒もいる。ある先生に会って話を聴いて欲しい、あるいはその側にいたい、という生徒本人の、自分のための空間探しなのである。

これを「生徒を甘やかす元だ」と批判する声もあるようだが、その教師自身が規範や目標に精一杯適応して従うことこそ、まっとうな行動の仕方という観念に囚われてはいないないか。おそらくこのタイプの教師は、生徒と一緒になって現実の問題を読みひらく対話ができないであろう。

他方、避難所のあり方の課題はある。ただ物理的避難にとどまらず、避難した身で、自由に自己と外界との関係を問い直す、小さな空間となれるかどうか。その場所で応答する教師が〈伴走者〉としての役割をどう演じるかに掛かっているといえる。

先の「こもった子」の援助に話題を戻すと、この生徒たちの変容のプロセスはそう単純ではないことも知っておく必要がある。

なぜなら、いじめられ体験にせよ、不登校になったことにせよ、本人の中では「なぜ、自分がこのようなことに」「あのとき、こうすればもっと違ったその後の自分になれたのでは」という、惨めさの感情、自分で自分を問い詰める心の中の構図があるからである。それが、孤立状態のまま進行すると、うつ傾向に陥るとか、あるいは幻覚・幻聴などの初期の分裂症的な兆候が出る場合もある。

いずれも、即、精神科の治療へつなげる、と急がないで、養護教諭とも連携をとって、本人の unspeakable な状態がどのようなものなのかを丁寧に判断してもらいながら、継続的な身近にいる他者を確保すれば乗り越えられるのか、専門的治療を要するのかを選択しても遅くはない。

以上のことをまとめる。定通制課程の高校生の彼や彼女が今最も欲していることをひと言で表せば、「自分に対するリスペクトをもって接して欲しい」ということである。経済的貧困の生活実態がある場合、経済援助のために福祉行政につなげることとの実際的な必要性は当然あるとして、教育実践の問題としては、個人の尊厳という、何よりの社会的資源をどう本人に獲得させるかが重要なテーマになる。

学校に出向いてきて教室にはいるという、当たり前に見えるその行為・行動の中で、元々ダメであろうと感じつつ、ひょっとしたらあり得るかも、と半信半疑で教師を見ている。うかがっているのは、自己自身への教師からのリスペクトをそれほどに欲しているからである。

三　いま起きている問題とどう向き合うか

1　「特別の教科　道徳」をどう見るか

(1) 問題の所在

既報の通り、二〇一四年十月二十一日付の中央教育審議会（中教審）答申「道徳に係わる教育課程の改善等について」（以下、答申と略記する。）は、「特別の教科　道徳」の設置を答申し、文科省はこれを受けて学習指導要領改訂などの法的整備をして、二〇一八年度からの導入を目途としている。

この問題をどう見ればよいのか。そこには二つの次元がある。

一つは、戦後教育における道徳教育問題とのつながりで、今何が起きようとしているのか、である。

今一つは、現在の新自由主義的統治への社会的動勢のもとで、このいわゆる「道徳の特別教科化」問題は何を意味しているのか、である。こちらの見地からの論究は今のところほとんど為されておらず、それだけ、「道徳の特別教科化」が市民社会において受け入れられる風潮があることを物語っている。

かつて宮坂哲文氏は、道徳特設時間（一九五八年学習指導要領改訂）について当時文部行政関係者がそれを「第三の教科」さらには「超教科」と呼ぶことさえあった時に、戦前の修身教育の歴史から見れば「（道徳を：折出注記）あとは教科になおして首位にあげる工作が残っているにすぎない」と指摘した（『宮坂哲文著作集Ⅰ』所収の一九五九年論文）。今進められている「道徳の特別教科化」とはまさにその道ではないか。

答申も、文科相も、慎重に戦前の「修身科復活」と取られないように教育界や国民に説明をして、むしろ子どもたちの「荒れ」やいじめの多発や痛ましい少年事件等に対してこれまでの道徳教育が効果を見せていないことを「特別教科　道徳」導入の主な理由としている。

しかし、ここには問題が二つある。一つは、子どもたちの起こす（起こさずにはおれない）「諸問題」を口実にしてその正面からの解決策ではなく教育政策の次元にそれをスライドして、道徳の特別教科化を狙うこと、二つには、道徳教育に係わってきた現場の教師に責任があるかのように、故城丸章夫氏の言葉を借りれば、教師を（道徳教育の効果不達成の責任を問われる）「被告席に置く」論理をとっていること（『城丸章夫著作集』第十巻より）。

「特別の教科　道徳」は、オブラートに包まれた表現ではある。しかし、その内実は、他の教科と相並ぶのではなく学校における道徳教育全体をリードしていく位置にあるのだから、宮坂氏がかつて述べた、「超教科」そのものにほかならない。

ところが、この問題に対する教育界や教育学関係の理解や動向は、

①「教科化」されると検定教科書使用になるがそれまでは現行の『私たちの道徳』が教科書役を務めるのでその中身の検証が必要であること、

②道徳のように認識も含めた個人の内心に係わる課題をどのように評価・評定するのかという評価問題の検討が必要であること、

③この「教科」は小中学校共に学級担任が担当し、場合によっては道徳の専任的教師への対応も必要となること、

など、教材論、評価論、教師養成論に傾斜しており、どちらかと言えば方法論・対応論が主で、そもそも道徳とは何であり、子どもたちにとって道徳性および道徳の学びとは何か、についてはあまり掘り下げた議論が見られない。

その理由は、子どもたちの間で、「死ネ」「ウザイ」などの言葉による排除や攻撃の現象が観られ、その「道徳のなさ」と映る事象に対して何か国が手を打つべきだとする市民の思いが共通しているからであろう。いや、子どもだけではない。大人社会にあっても、差別や排除の観念が以前に増して社会に浸透し、ヘイトスピーチや、スポーツの世界での人種差別の言動など、日本社会におけるモラルが問われているのは確かであり、次世代の教育として道徳教育の強化は妥当であるとの意識が市民の間に働いているであろう。

教育界も、もやは「道徳の特別教科化」は決まりで、授業をやらざるを得ないならばどのようにするかを検討しよう、という意識が強く働いている面がある。これも、中央の文部行政の動きに後れを取らず、逆らわずに順応していくという今日の教育界の風土の現れである。

（2）最近の道徳教育論議の落とし穴

しかし、そこには大きな陥穽がありはしないか。というより、そのような道徳強化への親和性こそ、新自由主義的統治が生み出したものであり、かつそれを受け入れる社会的要因なのではないか。これが、先に述べた二つめの次元である。

問題の焦点は「自己責任」にある。これは新自由主義的統治のシンボル的な価値であり、一九九〇年代、あらゆるところで人びとの生き方に係わって語られ、持ち出され、場面ごとにそれが求められてきた。

その意味することは、新自由主義がもたらす社会の解体、コミュニティの瓦解と分散化に対する個々人の自己管理、規範とリスクに対処できる価値観を備えた生き方、そして国家の一員としての自覚と実際の行動能力を持て、ということにある。

以上を全体として捉えることが今とても大事だ。つまり、新自由主義がそのコアとなっている「自己選択と競争の自由」の徹底を進めれば進めるほどに社会は排除型社会になっていく。経済格差を背景とした地域社会の家族の孤立化、職場での互いの牽制や排他的な関係性のことなどを観れば、その現実は理解して頂ける。そして、学校や学級もまさにその小型の社会となっているのである。

大人にも子どもにも、この排除の関係性が生活に蔓延しつつあるからこそ、各人は、規範意識を核とする自己の倫理能力を身につけよ、そのためには学校教育における道徳教育の強化は必須だ、という構造なのである。

だから、たとえば、文科大臣は、北海道の私立大学に非常勤講師として勤務する元朝日新聞記者の雇用の件に外部から介入して「辞めさせろ」とする脅迫に対しては、その外圧と暴力を憂うメッセージを出すが、その一方で、学校における規範への同化教育と、秩序に従えない者への徹底したゼロトレランス型の教育については、これを推進するという態度を取るのである。

要するに、なぜ、いま「道徳の特別教科化」なのかといえば、それは、新自由主義的統治をより十全に遂行し、より安定化させるには、新自由主義が求める価値観念を意識化し行動できる構成員を育成しなければならないからである。しかも、そこに、日本の国の「伝統」、家族、地域、学校、職場それぞれの責任と規範・秩序への同化ないしは包摂の人格形成作用を発揮していく。この両面的な役割を担って、「道徳の特別教科化」はいま進められようとしている。

2　いじめ問題への対応

『朝日新聞』ウェブサイト・ニュース速報によると、「東京都立川市の市立小学校で、三十代の男性教諭が、担任する6年生のクラス全員から指紋を採取していたことがわかった。市教育委員会が二〇一五年五月十五日に発表した。教諭は『いじめを抑止するためだった』と説明しているという」と報道された。

その記事によれば、「クラスの女児が靴に画びょうを入れられた」ことを受けて、「2日後の授業中、教諭が児童約40人から聞き取りをし、スタンプのインクで右手人さし指の指紋をとった」。問題の指摘を受けて、「指紋を押した紙はシュレッダーで処分したといい、十五日に教諭が児童全員に謝罪した」というものである。

（URL=http://digital.asahi.com/articles/DA3S11756126.html　アクセス日2015年5月20日）

児童生徒からの指紋採取にかんしては、過去にも問題となった指導事案があったが、それらは盗難の疑いで該当者を特定するための識別手段としてだった。それであっても捜査権のない学校の職員がそれをおこなったこと、指紋は個人固有にもつものでその同意無しの採取は人権を侵害することが問われた。

論点　その1　学校の現場で児童生徒の指紋を、その必要性ありと判断しておこなうことは人権侵害にあたるのか。

人権は、人が生まれながらにもつ権利（社会的に自己の尊厳に関わることを守ることや、その尊厳を求める行動を取ることが正当であること）を意味しているが、指紋は、個人の生まれながらの（終生不変の）指の皮膚の文様であり、個人の存在の一部。これを、刑事上の捜査権を有する警察が採取することは公務上の正当性として条件付きで認められているが、教育現場にはそのような権限は認められていない。

まして、一教諭が学級経営上、あるいは生徒指導上、特定の児童もしくは生徒を発見するため、またはそのような圧力を当人にかけるために「指紋採取」を行うことは、教育指導権を超えた行為であり、認められない。

論点2　なぜ、この教諭はすぐに「指紋採取」という手段に出たのか。

考えられる背景や動機としては、まず「画鋲によるいじめを早くなくしたい」という気持ちが働いたこと（これについては、いじめの構図のとらえ方として後で再論する）。二つめに、この教諭がかつて被教育者として学校時代にそういう指紋採取場面を経験していたかもしれないこと。三つめに、日本政府も批准（国会承認）している「子どもの権利条約」をはじめとする人権教育に、皮相な面あるいは教員養成課程での不十分さがあるのではないかということ。

論点3　果たして「指紋採取」でいじめ抑止につながるのか

抑止にはならない。ここにこの事案の本質的な問題がある。靴に画びょうを入れるとか相手の持ち物を隠す嫌がらせ行為の場合、行為者側に次のようなストレスフルの環境が起きていることが多い。

（1）今進行中の「学力向上」のあおりを受けて勉強面や成績で、今まで以上に強迫的な状況が生まれ、強いストレスを感じている、（2）学級担任の日頃の指導や接し方であるトレスになっている、（3）家庭のこと、あるいは塾通い・習い事のことなどであるトレスフルになっている、など。

「指紋」の手段に出ていることは、「聞き取り」をしてなおも解決のめどが立たずに、そこでは誰も該当することを話さなかったからだと推測できる。では、無記名のアンケートを採るとか、被害にあっている当人に代わって教師が嫌がらせの攻撃性とその苦痛をきちんと子どもたちに伝えるとか、「指紋」とは別の方法はあり得た。とりわけ、プレ思春期・思春期のいじめでは、見たこと・感じたことを自分の言葉で言語化させてそれを意識化させることがいじめ解決への一歩と言えるので、アンケートか感想文を（無記名でいいので）行うことを試みて欲しかった。

面と向かって悪口を言われるのもつらいが、誰かわからないまま画びょうをやられるのも、つらい。この種のいじめには、自分を隠して知られぬようにしておこなう、うしろめたさと、「わかるとまずい」という罪悪感が働いている。ふつうなら、被害の子から丁寧に聞き取り、日頃の対人関係で何か思い当たることはないかとか、その子の日頃の行動を一緒に振り返るとか、事実関係の読みひらきにはもっと選択肢はあり得た。

論点4　問題は「指紋」が早くいじめを解決したいための手段になったことにあり、では、なぜそこまで担任は焦るのか

一つには、「いじめ防止対策推進法」ができて、それまで以上に学級担任には「いじめを出さない」というプレッシャーが加わるようになった。二つめに、法律で「児童等はいじめを行ってはならない」と決めながらも、今日のいじめとは何か、どのような現象なのか、を教育現場で十分に再学習していない。各教諭の「いじめ」観にまかせている。いじめの事実が発覚した場合、そのいじめ事象を消し去ろうとするのは、比喩的に、らんぷの「かさ」を見てこれをどうにかしようとしているもので、らんぷの「光」に働きかけて、他者を苦しめるその弱さ・

もろさ、結局は自分が自分をおとしめる、いじめることになることをわからせる指導を工夫すべきである。

最後に、この教諭自身が自己の人権にもっと敏感で、その尊厳や擁護にたいする市民的感覚がふつうに確立していれば、教室で、「指紋」採取で子どもたちに圧力を掛ける手法は採らなかった。また、教育委員会もこの教諭を「処分」すれば終わりではなく、改めていじめの構図をどう捉えるのかという主題で再学習の機会を全市挙げて行うくらいでないと、またしばらくして同様の事案が起こりえるであろう。

(付記) この章に出てくる「ランプのかさ」と「光」の比喩的な子どもの行動理解については、十一章の話題の中で、もう少し詳しく述べている。

四　教育臨床と当事者性

1　教育臨床とは

「臨床」とはもともと医療現場の言葉である。それは、患者（クライエント）の具体的なニーズに応える治療・介助を意味している。この当事者に寄りそうという原点を教育学研究が受け止め、教育学自身を問い直し、「教育臨床」あるいは「臨床教育学」と言われるようになった。当事者は、「教育臨床」にとって、当事者に始まり当事者に還るといってよい原点である。この点を踏まえ、私なりの定義を試みておきたい。

教育臨床は、当事者の語る言葉、実際の活動に接して、当事者の視点に立ってその内面的な感情・思想を受け止め、学ぶ主体（あるいは研究主体）自らが、その当事者性を活かしつつ、教育の実際のあり方、その改善すべき点・問題点と、現状を変えていく可能性をさぐる営みといえる。

それは、ただ教育の現場に出かけて、現場人の声を聴くこととは違う。それは、ただ教育の主題に関する事例をあつめてきて、それを解説するやり方とは違う。

ここではあくまで教育実践との関わりで当事者性を考えていくことにしたい。そのうえで、当事者に何が今起きているか、当事者はどのような思いで現実（事実）を受け止めているかを知る（聴き取る）という、こちらの主体的な意志が不可欠で、それがないままの現場訪問や事例収集は、ほとんど意味がない。ただ、初学者として、はじめて現場（学校や児童福祉施設など）を訪問する機会を得ることには、大事な意義がある。

現場調査や事例収集が、現場を大事にして勉強（研究）している、という一種のポーズに近い行動となり、自分の学習（研究）のために、その当事者事例を使って終わり、となることがあってはならない。

これは、意図しようがしまいが、当事者を利用していることと同じであって、繰り返すが、当事者は何を語るのか、それに自分はどう応えるのか、という自分の中での「問い」と「応え」の往還運動が起きてこなければ、そのリサーチはすでにどこかで失敗していると言わざるを得ない。

そこで必要なのは、当事者の生き方と自分の生き方との照らし合わせである。

愛知県西尾市の「中学2年いじめ自殺事件」では、あいち県民教育研究所として、私と県内の研究仲間とチームを組んで現地調査に入った時に、最初に集まっていただいた市民の方々から「あなたたちは何をしに来たのか」と問われた。私たちは、慎重かつ丁寧に聴き取りの主旨を伝えて、了解をしてもらい、具体的な話に入った。市民の方々は、なぜ自分たちが暮らす身近な地域で少年の自殺が起きるのか、保護者・住民として何ができたのか、今後は何をすべきかを真剣に考えている。あなたがた研究チームは、研究の材料だけを集めればそれで終わり、ということで結局は、問題解決に対して一時のことで済ませるのではないのか。そういう主旨の疑問が現地の方々にはあったと記憶している。

調査研究は、そういう厳しさに直面するのは宿命であり、相手との目的の共有の丁寧な掘り起しがどうしても必要である。私たちは、調査に入ってから、以後、約一年半現地に通うこととなった。

2　何が求められていて、何ができるか

当事者は困っている、助けを求めている、だから現場にいって支援するのだ。――その意気込みや行動力には頭が下がる。だが、半面では、当事者の状況は今どうなっているか、その思いはどのような変容なのかなど、当事者性に対する理解は必要である。ある事案が発生してからの時間経過も大きく関係するが、支援者の側がどのような想像力を持って当事者と接していくかが、大事な鍵を握る。

歴史的で古典的な一つの事実に言及しておきたい。

一九五〇年代末～六〇年に、福岡県大牟田市から熊本にかけて坑口のあった三

井三池炭鉱で、経営側は人員削減のために一千三百人近い指名解雇を発表し、これに怒った炭鉱労働者は三井労組を中心にストライキをおこなって抵抗した。これに労働者の家族も合流するなど、戦後の一大争議となった。労組の幹部が右翼らしい人物に刺されるなど不穏な動きもあった。

この時、現地の教職員組合は教え子の父母たちが組織する抵抗運動を支援するためにストライキの現場に駆け付けて合流しようとした。ところが、その父母たちはそれを拒んだ。「先生たちは学校に帰れ。学校に戻って、なぜわしらがこうした運動をしているかがわかる子どもを育ててくれ」と言ったという。

私は広島大学教育学部の学生であったときに、この事例をある教育史の書物で読んで、感動した。教育とは何のためにあるのか、教師の仕事は何かが鮮明にわかる出来事であると、当時未熟ながらも受け止めたからだ。

それをいま改めて学びなおせば、当事者のいる現場にいってそこに参加する、何かそこで力を発揮するだけが支援ではないということだ。当事者にとっては間接的で、間合いのある活動ではあっても、当事者の真の要求にこたえる道はいくつもある。それをただ一次元に狭めて、これしか支援はない、とするのは一面的であり、あるいはこちらの自己満足に堕することにもなりかねない。また、支援に参加する人々の広がりやネットワークをつくる上でも、狭さに閉じこもっていては、パワーにならない。

3　援助するということ

日本生活指導学会では、「援助とは何か」をめぐる議論の中で、教師も援助専門職者であるとの問題提起が為されて既に久しい。それは、小論の流れから言えば、子どもたちにとって教師は〈伴走者〉的な役割を担って、彼・彼女の前に登場する専門職者性を有しているということである。

そのことを視野に置いて、以下では、主として社会福祉実践の見地から「援助するとはどういう営みか」を問いかけた労作、古川孝順他『援助するということ社会福祉実践を支える価値規範を問う』（有斐閣、二〇〇二年）を手がかりにして考えていきたい。

同書の各論考の中でも、稲沢公一「援助者は『友人』たりえるのか」に注目した。まず、一般的な基本の問いを同論考は提示している。

人の自立にとってなぜ「援助が」必要なのか。

援助者が行う「援助」とは何か。

それは、困っている・苦しんでいる友人を助ける場合の「友人関係」と同じか違うのか。

この問題を読み解くキーワードは、私が考えるに、次の二つである。

【対称性】経験や見方、生活範囲、年齢などからみて双方の状態、生活の諸能力が釣り合っていること（『広辞苑』より）。

【非対称性】上記の関係が不均衡であること、立場が異なっていること。

同論考は、世界を代表する二人の専門家の対談を紹介している。その一人は、臨床家でカウンセリングの創始者とされるロジャーズ（Ｃ．Ｒ．Ｒｏｇｅｒｓ）である。彼はクライエント中心療法（非指示的療法）の開発者として知られ、援助関係を友人関係に近づけることを重視した。

もう一人は、哲学者・社会思想家のブーバー（Ｍ．Ｂｕｂｅｒ）。彼は、ユダヤ人として迫害から学んだことも踏まえ、「我と汝」という存在論の問題を提起してきた。

ロジャーズは、カウンセリングで、援助し援助される関係以上に、双方の内的なつながりを感じあう状態に至ることがあることを認める。彼は、双方が理解し受容しあえる状態のために、援助者は自己の人格を「無人格」にし、そのことでクライエントのもつ力が引き出される、という（一七五〜一七七頁）。

同論考によると、ロジャーズの描く援助の質的変換はこうである。

・初めは、助けたい意図で、カウンセリングの関係が開始される。
・セッションを重ねるうちに援助者とクライエントの対人関係が前面に出てくる。
・援助者がクライエントの理解と受容の努力を重ねることで、クライエントがクライエント自身と出会う瞬間が訪れる。

これに対して、ブーバーの二者関係論は、対照的である。すなわち、目的がおたがいの外側に設定されている場合（悩みや葛藤などの解決を援助すること）、関係それ自体を味わうという自己目的化は、そもそも無理なのである。

彼によれば、援助者とクライエントにとって、非対称性は根源的なものであって、ロジャーズが言うような一体化はありえない。いくら援助者が自ら主体性を消去したとしても、クライエントは援助者に誘導されているのではないか。ブーバーはこう見たのである（一七八〜一七九頁）。

ブーバーの二者関係論が示唆することは、こうである。まず、援助するとは、援助を必要としない状態に変えていく（高めていく）ことであり、援助者は初めから、そういう自己否定性を帯びている。

そのうえで、援助し援助される（話を聴きとり、聴きとられる）関係は人為的に結ばれるので、そこには非対称が生まれる。援助者とはこうした非対称性を承知で引き受ける者のこと（一八四頁）。ブーバーはその構造的な宿命を指摘した。

以上の議論に対して、同書の論者は、社会福祉の現場から反論している。（ロジャーズが言うように）クライエントは、確かに内在的な力を持っているとしても、その力をうちのめされ、たたきつぶされるほどの厳しい現実を生きている（それに直面している）。援助者が主体を消してしまっては、クライエントの頼る（頼りたい）他者が却って見えなくなる（一八八頁）。援助者とクライエントを包む「社会の闇」も、援助関係に間接的にのしかかる。

では、社会福祉現場での援助者とはどのような役割の担い手なのか。

この主題の執筆者によれば、手立てへの自問、試行、袋小路でのもがきがあるが、他者からの教示などを経てよりよい援助を築いている。この「微細な努力」が生み出す「今」を大事にしたいと（一九〇頁）。

そして、援助者に何が出来るのか、と問うて、次のように述べている。

「社会の闇」や厳しい現実「にもかかわらず」、できることは、せめて逃げ出さないこと、見捨てないことだ。苦しみを背負わされている人のかたわらに踏みとどまることだ（一九〇〜一九一頁）。

援助者は、（折出注記：そうしようと思えば、の話だが）そこから逃げ出すことも出来る（援助関係の非対称性）。しかし、与えられた非対称性を超えて、別の、新たな非対称性を選び直す（選び取る）ことができる。すなわち、「逃げられない者」と「逃げられる者」という非対称性は、「逃げられない者」と「逃げられない者」という新たな非対称性に変わる。変えられる（一九一頁）。ここには、「無力さを共有する関係性」が援助者とクライエントの双方の非対称性故に生じている。

苦しみを背負う者と、かたわらにとどまる者という非対称性は存在するが、これは、もはや援助と被援助の関係ではない、「二人の前に共同の地平が開かれる」関係性が生まれているのである。そこには「人が人を支える原形」（一九三頁）がある。私見では、これを「ケア」「ケアの倫理」として、いま国際的にも捉え直しているのである。

4　学生へのメッセージ

読者が、教育系・教員養成系あるいは教育福祉系のそれぞれの学部で学ぶ人と想定して、短くメッセージを書いておきたい。

まず、所属先の専門科目を履修し、学習にも深まりと広がりが出てくるであろう。そのとき、そうした各科目を履修しながら、学生自身にとっての「キーワード」は何か、いつも自分が思考をめぐらしている主題は何か、それは確かなものになっているのか、と問うてみてほしい。

言い換えれば、大学で学ぶことに向き合う際の、学生自身にとっての知的・精神的な「核（core）」の探求と発見である。

そのことへの自覚ないしは配慮がないまま、卒業単位をただそろえていくのでは、いったい何のための大学生活なのか。

そのことを避けるためにも、いろいろの出会いや経験から「問い」をもらう、あるいは引き出せるように、ひろく教育現場の事例に接するとか、教育実践記録を読むとか、子育てや教育の多様な集会に参加して見るのも良い。先輩たちのそうした伝統があればスムースにそれはできるが、そうでないときには、自分たちで創りだすしかない。

私の場合には、広島大学教育学部の3年生のころから、広島市内で開かれていた教師たちの生活指導サークルに出させてもらって、それが今の生活指導研究に入る原点になったように思う。

月に二回くらい、平日のたしか土曜日の夜、広島駅近くの喫茶店に集まって、毎回、メンバーの教師の実践レポートがあり、それをめぐって議論がおこる。

当時、私は大学の演習で生活指導実践については多少勉強していたが、サークルの場所にいても、何も言えなかった。学生だから、現場を知らないから、ではない。

その報告される実践に対して、自分がどこをみて、何を読み取るのか、その問題意識が全くといっていいほど弱かったからである。レポートの一字一句をめぐる、教師の語り合う熱っぽいやりとりを傍らに居て聴かせていただき、おおいに自分の狭さ・皮相性を破ってもらい、しだいに実践の記録を見る目、読み取る視点を身に着けていった。

学生の皆さんは、皆さんなりのスタイルで、学生時代に、そういう自発的で初歩的な「臨床体験」を持つ工夫をしたらいいと思う。

どんなに業績豊かであるすぐれた大学教員からも、教育学の名著からも学べない、〝当事者の見る現実、当事者の語る生き方〟が、そこにはある。結局は、学生一人一人の知のベースに、人間の生き方に係わるあらゆることにいつも興味を持ち、アンテナをはっておけるような主体性（戦後初期に丸山眞男が学生に伝えたメッセージ）があるかどうかがカギを握るということだ。

五　哲学するとはどういうことか

～鶴見俊輔『アメリカ哲学』に学ぶ～

氏は、ハーバード大学に留学して、そのことを契機にアメリカのプラグマティズム哲学について深く研究をしてきた。後に、わが国において思想の科学研究会の中心メンバーとして『思想の科学』を刊行するなど、当時のいわゆるマルクス主義的な立場性にも与せず、ナショナリズムを批判し、市民主義の思想運動を築いてきた。二〇一五年七月、逝去された。

広島大学時代にヘーゲルを卒論で取り上げたのを機に私も人並みに哲学・思想に関心を持ったが、当時、なぜか鶴見氏の著作には関心がなかった。『思想の科学』運動のことは少しばかり知ってはいたが、国政に関しても、市民社会の日常の政治問題に対しても、ただ外から評論をして、傍観者的に論じているかのような印象がぬぐえず、深く読み込む気にはなれなかった。

標記の著書（新装版、講談社学術文庫、一九八六年）を読んでみる気になったのは、以前に氏の著作である『教育再定義への試み』（岩波現代文庫、二〇一〇年）を読んで、柔軟な思索に学ぶことが多かったからである。それは、アメリカの精神医学者、ハーマンの『心的外傷と回復』を大学院の講義で院生たちと読み込んでいて、「unlearning」の言葉にこだわっていた時だった。中井久夫氏訳は「脱学習」となっている。これはこれで、含蓄のある訳語である。同じ英語を、鶴見氏は、ご自身の学習体験も交えながら「学びほぐし」と訳している（『教育再定義への試み』岩波現代文庫）。これには、ハッとした。その主旨は、成績評価のためだけに学習した知識をまさに組み直し、ほぐして自分の「知ること」「探ること」にそって主体的に系統付けることを表していた。「学びほぐし」は真の学力への重要なステップである。

そのような鶴見氏の柔軟な思索の世界に興味がわいたことも、標記の本を読む気になった動機だったが、いまひとつ理由がある。私は広島大学教育学部生時代に、ジョン・デューイに興味を持ち、伝記や訳書をそれなりに読んでいたこともあって、「プラグマティズム」への関心があった。鶴見氏のこの書物は「プラグマティズム」研究の成果であるから、これを読んでおくことは必要だと思った。同書の内容に関しては、デューイのポジティブ思考の展開や、過剰な知性主義に批判的でありながら日常の市井の生活の中での思索を重んじるプラグマティズムの特徴が、鶴見氏の闊達な文章によってよくわかった。私事ながら、デューイのプラス思考の影響を少しは私も受けたのかも知れない。さらにヘーゲルの哲学から学んだ「弁証法」がそれを補強して、少々のことには逃げないで、プラス思考で乗り切るようになった。

ここで補足しておくと、*G. W. F. Hegel : Key Concepts, (Ed. by Michel Baur, Routledge 2015.* (邦訳『ヘーゲル　主要概念』)を開くと、「ヘーゲルとプラグマティズム」の章がある。それによると、『精神現象学』に出てくる「主人と下僕」の弁証法にはプラグマティックな構図があり、これが、対象に向かう人間の行為を意味づけることを重視したジョージ・H・ミードやジョン・デューイのプラグマティズム思想と密接につながるものを持っているという。

ヘーゲルに関しては、概説書などで観念論、国家主義のイメージが今なおつきまとっているが、まったくそれらは間違い。彼は、社会的役割にもとづく行為・行動が、その対象とする他者なり社会的諸関係を規定し、変えていくことをリアルに見ていたのだから、実証主義的で、唯物論的な性格の強い思考形式であるといえる。現に、主人に隷属しているかに見える下僕が、実はその労働による生産無しには主人は生活していけない。下僕は主人に支配されながら、実は、労働という行為を介して主人を支配している。この関係を自己知として意識化するならば、下僕は下僕でありながら下僕という限定された今の状態を超えて生きることができる。ここに変革の芽がある。こういう論理が「主人と下僕」の章のテーマであるから、プラグマティズムと相通じる面があるのはその通りだ。デューイの「相互作用」「成長」の概念は、彼が若い頃にヘーゲルから学んだものだ。

さて、鶴見氏の著書に戻ると、同書の後半では、鶴見氏は、哲学を庶民の一人ひとりに取り戻すべきだ、と述べている。いわゆる哲学者たちは「体系」や「西洋の学問の伝統」を押し頂いて、ますます庶民の本来身につけるべき、生きるための哲学、闘うための哲学から遠ざかっている。これではダメだと。同書の初出が一九七六年だから、その頃の時代背景もあったかもしれない。

ただ、プラグマティズムの祖ともされるジェイムズの思想には、「厳密さ」はないが「ヤマカン」的でありながら自由な思索というすばらしい業績があると述べているあたりは、参考になった。

つまり、ジェイムズは詰め込み主義の教育をこう批判した。「学校で要領の良い答案を書き、良い成績をとる秀才が先になってから案外仕事をしない場合のあるのは、彼らが答案の内容に対する自発的な興味を養わなかったために、監督者から離れると、すぐにも思索を止めてしまうからだ」（二三二頁）。これに対して、ジェイムズ自身が立証して見せた思索は自発性を重視し、アメリカ進歩的教育論の礎石となった。

また、鶴見氏は哲学について次のようにも述べている。これを読んで初めは衝撃を受けたが、よく考えると物事を思考するとはどういうことかの真髄を見事に言い当てている。

「哲学は、これを全体として見ると、ニセ学問である。（中略）それは、よくわからない事を『わからない』と言い、アイマイな事を『アイマイだ』と認め、自分の使う言葉の効用と限界について明らかな反省を持ちつつ進む思索である。『わからぬ事をわからぬとせよ』――哲学者の座右の銘として、これほど意味深いものは少ない」（三四一頁）

最後に、いま「道徳の特別教科化」など、子どもの価値観や内心の教育への権力的介入が問われているが、鶴見氏の同書を下敷きにして言うと、こうなる。

道徳を、道徳評論家や道徳教育学者の手からとりもどして、人びと、特に子どもたちにかえすことこそ、今日の重大な問題である。なぜなら、道徳は別に特別の一専門分野ではなく、「どんなことが正しく、どんなことが善く、どんなことが人間の行為として値打ちを持つか」についての思索なのであるから。これらの問題について考えることは、今日の社会を生きているそれぞれのおとな、そして子どもたちの役目である（同書、三三九〜三四〇頁を参照）。

六　精神医学との出会い
～自立することにとって病理とは～

1　木村敏『臨床哲学講義』を読む

このところ精神医学関係のテーマと密接に関わる教育臨床的な仕事に従事することがあって、標題の書物もその一環で読んだ。

木村氏は、京都大学名誉教授で、我が国では笠原嘉（かさはら・よみし）名古屋大学名誉教授と並んで精神医学界の第一人者とされる方である。『関係としての自己』の著書でも知られており、私も近いテーマなので読んだことがある。

ここで取り上げる書物は、氏が二〇一〇年に、日独文化研究所（京都）で行った連続講義の内容（講義の録音版）をもとに加筆等によって整理されたものである。それは全体で六回に及び、次の構成になっている。

第一回　序論　こころと生命
第二回　統合失調症の精神病理（1）
第三回　同前（2）
第四回　内因性鬱病の精神病理
第五回　ポスト・フェストゥムの精神病理
第六回　イントラ・フェストゥムの精神病理

※　「フェストゥム」とは「祭り」のことで、「ポスト」は「後の」、「イントラ」は「最中の」の意味。「ポスト・フェストゥム」とは、「後の祭り」となっては「取り返しが付かない」というように物事に接する精神病理性で、非常に保守的でこだわる傾向を指している。

全体を通読してとても博識に富んでおり、人間理解に目を開かされ、人格という存在の奥深さ（一定の均衡を保つと共に矛盾を抱えていることも含めて）を考えさせられた。

木村氏の理論構築としては、まず個々の身体の生命と、誰のものでもない一般生命とを区別し、前者をギリシャ語で「ビオス」、後者を「ゾーエー」と呼んでいる。ゾーエーは、個々のビオス的生命が生まれてきてそこへ向かって死んでいく場所だとしている（一三頁）。これは、同書の後半で「内因性鬱病」を考察する際にも働いている木村氏の思考形式（概念枠組み）である。

すなわち、内因性の「内因」とは、ドイツの精神医学者・テレンバハの学説に習って氏が考察したもので、「内なる自然」（ドイツ語でEndon）のこと。この「内なる自然」が自然界の意味の自然、つまり外界との相互作用において何らかの緊張やあるいはトラブルを生じて、その結果引き起こされる状態を鬱病とし、鬱症状とは区別している。もともと、「症状」と「病気」ははっきりと区別されるべきだ、というのが木村氏の主張である。

咳がある、熱が出ているのは「症状」であって、生体の自己防衛反応である。これに対してウイルス感染とか、あるいは日常生活におけるある生活上の問題など生体内で起きている異変、これが病理としての「病気」である。ところが、いまは診断基準に基づいて客観的に、というのが流行で、外見の「症状」への対応をすぐに薬や検査等で処理しようとしているがこれでは生体の本来の自己防衛反応の能力自体を弱めかねないので余り賛成しない、と氏は述べている。

話を戻して、「内因性」の病理としては、統合失調症、本格的な鬱病（メランコリーや躁鬱病）、パラノイアと呼ばれる妄想病などがある。これらのいずれにも、「自己」と「他者」の関係、その均衡・不均衡の問題が関わっている。

たとえばメランコリー親和型の鬱病（単極性）では、秩序志向性が特徴的で、いわゆる「几帳面さ」がその人の持ち味であると共に、その人を苦しめる要因でもある。自分が守らなくてはならない秩序を本人がこなしているときはいいけれど、何かの出来事でそれがバランスを崩して対応できなくなったときに、秩序を守れないで居る自己への負い目、責任を感じてしまう（九六頁）。

しかも複雑なのは、このことが質と量の両面から生じることである。周りからどんどん頼まれても当人が（量的に）これをこなしていける間は良いが、そのうち、その質が（自分から見て）おおざっぱで納得がいかなくなると、それが負い目となってしまう。几帳面さが自分の行き場を却ってふさいでしまう。このように自分を秩序の中に閉じ込め、自縄自縛(ジジョウジバク)に陥るのがこのタイプである。

身近な例で言えば、引っ越しをした後の鬱、あるいは会社等で(限られたポスト に)昇進した後の鬱などはこの例である。

こうした問題の根底には、一人一人の状況への対応能力の個性(九十頁)が働いている。しかも、これは、木村氏によれば、遺伝だけではなく幼児期からの家庭での養育のありかたにも影響されるのである。例えば、比較的厳格で几帳面な雰囲気の職業人の家庭で、その子どもが神経症的な症状を見せるとか、自分を秩序にうまく適応させられないストレスから問題行動を起こす例があるのも、以上の背景が絡んでいるといえる。

総論としては、目に見える外的な症状だけで判断しないで、対象者(患者)の生き方、それを当人がどう感じているかという自己認識のありかたから総合的に見ていくことがとても大事であること、前者の症状は後者の間接的な表示なのだという理解が要ること。この基本的な立場は、〈伴走者〉の役割を考える上で参考にすべき点であり、また生活指導実践にも通じるものがあると感じた。

2　精神医学的なレビュー論文に学ぶ

ある仕事の関係で、アメリカの国立精神保健研究所の「精神分裂病紀要」第二十二巻第二号（一九六九年）に載った論文「精神病の初期症状発現の前駆的段階～過去と現在の概念化」（A・R・ヤング氏とP・D・マッゴリー氏の共著）における「Defining the Term 〃Prodrome〃」（『前駆症状』の定義）を読んで学んだ。以下は、その大事な定義の部分である（同論文、一～三頁）。ただし、私の理解による要約である。

（1）前駆症状とは何かについてのレビュー

先行論文のいくつかによれば、「prodrome　前駆症状」とは、患者が病状をきたす前にみせる、前・精神疾患の過程（period）のことを意味する。いずれにおいても、初期的な前駆症状が注目されており、ここでは「前駆症状」とは、より長い表記の「initial　prodrome　初期的前駆症状」に代わる表現である。

その（初期的）前駆症状は、ある個人の最初の変化から最初の明らかな精神疾患の徴候が現れるまでの時間的過程と定義される。ここで次頁の図を見ていただきたい。

緩やかなカーブ曲線が描かれ、下の方から上の方に向かって「↓」が「1」から「5」まで順に、変化のポイントを指すように書き添えられている。

図の「↓1」は、患者が最初に自分の変化に気づくが、しかしまだ精神疾患と呼べる徴候はないときのポイントを指している。例えば、いつも通りのストレス対処をしないとか、あるいはひどく抑圧された気分または困難さを感じるとか。患者は脱力感におそわれた覚えがあったり、頭で考えていることをそのまま口に出したりするかも知れない。

「↓2」は、患者の家族や友人がその人の何らかの変化に気づくが、まだ明らかな精神疾患を暗示する程の変化は見られないポイントを指している。例えば、患者本人がとても不機嫌または興奮的であったり、怒りっぽかったり、たくさんの金を使い果たすような際だった行動に出たりするとか、である。

Figure 1. Development of psychosis over time, with arrows indicating points of change noted by the patient or informants

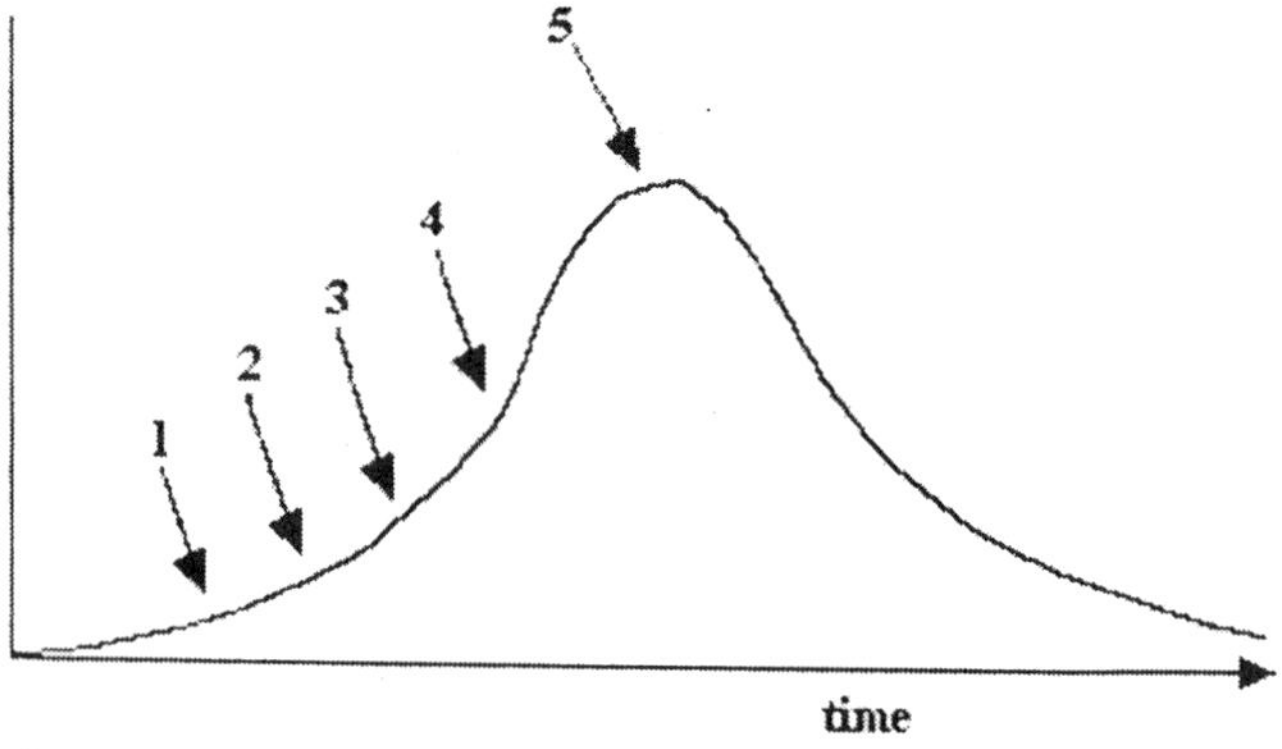

家族や友人たちは、「(患者の言動は:引用者) 通り過ぎていずれおさまる」(特に青年期において) とみなしたり、または (本人が) 仕事のことで苦しんでいる、と考えたりする。

「↓3」は、精神疾患として記述される最初の目立った変化を患者が見せるときのポイントを指している。例えば、患者が諸々の声を聞いたと話すとか、外部の人物が自分の心をコントロールしていると信じていると語るとかである。

「↓4」は、家族又は別の人たちが、精神疾患の特性に通じる変化に最初に気づくときのポイントを指している。その変化は、自分の心を読んでいるとして他者を非難したり、大きな力で圧しているとして他者に抗議したりする患者のことである。

「↓5」は、コミュニティのチームが事態を引き受ける、あるいは病院に入れるといった精神医学的な介入のポイントを指している。その徴候の激しさは、以後の介入次第で減少する。

以上は、仮説的な進行であることはもちろんである。

要するに、前駆症状とは何か？　以上の仮説的な例で言えば、患者の情報を用いればそれは「↓1」と「↓3」の間の時間的過程と定義することができる。情報を提供する者の情報を用いれば、それは「↓2」と「↓4」の間の過程と定義され得る。選択的に情報の結合を使うことができれば、例えば、前駆症状は「↓1」と「↓4」の間にあると定義づけることができる。

(2) どんな示唆を受けるか

以上が標記論文の「定義」部分の抄訳である。これらのことから、本人の示す言動の変化、または家族や本人のことをよく知る友人の気づきというものが、とても大事だといえる。特に思春期・青年期にあっては、「↓1」のポイントにあたる現象が、子どもの様々な言動の変化に隠れて現れることもあるであろう。

「↓2」でも述べられているように、「いずれ、通り過ぎるさ」と、本人の内面を配慮しないでこちらの思い込みでわかった風に接することがかえって本人の不安と苦悩をさらに引きずらせることになる。苦しいときほど、痛いときほど、なかなかそれを言えない。この「unspeakable（言いたいけど言えない状態）」（前掲、ハーマン）を早期に発見して、早めのケアをしてあげるためには、日頃から何気ない話題でも本人とおしゃべりしていたり、それとなく本人の様子を見守ったりする、そういうありふれた、自然な会話（対話）のできる関係性が鍵を握るといえるであろう。

もし、そうしたコンタクトをあまり取らないままに、「↓3」や「↓4」のような徴候が見られれば、学校であれば養護教諭に、地域であればクリニックに相談して、必要な精神保健的な対応をしてもらうこともあってよいと思われる。事態によっては精神医療的介入もやむを得ない。

実は、混沌として、社会が解体され人びとが「個」にひき裂かれ、不安をいだくこの新自由主義社会にあっては、場合によっては、そうした前駆的症状を起こす可能性はある。本人では処理しきれない過剰なストレスの連続、本人のプライドや自尊心を傷つける外部的な暴言やいじめなどが、その社会的原因となる。

ただ、ここでミシェル・フーコーが述べた見解に注意しておきたい。彼は「精神疾患の現実」を汲み尽くすには、二つのことに留意すべきだという。

その一つは、「環境における個人の経験に含まれる矛盾」を「経験するすべての個人が病になるわけではないこと」。二つめに、その「矛盾」が「個人の心的な生において、ある地位を占めるようになったとしても、この地位は必ずしも病として表現されるわけではない」ことである。ここで「矛盾」というのを、たとえば私たちの社会における学歴主義のもとで現に進行している、受験体制・競争主義と若者の知的関心・興味との矛盾と考えてみると、身近なこととして理解しやすい。

フーコーは、「病の固有性は、社会的な経験の構造に含まれる矛盾と、この矛盾の明晰な意識の境界にある。病は、矛盾がまだ意識の様態において生きられず、まだ葛藤の形態にある領域に存在する」と断言している（以上はいずれも、フーコー、中山元訳『精神疾患とパーソナリティ』（ちくま学芸文庫、一九九七年）一六九〜一七〇頁）。

青年期前期の例としては、保護者（親）の強い意向で、本人が必ずしも望まない高校を受験して入学した後に、学業面での負荷が大きく、しだいにそのつらさが増して本人が苦悩し始めると、具体的な治療の対象となる場合がある。

（3）伴走する他者の役割が大事

繰り返すが、そうした外圧や負荷があればすぐにそれが原因で精神疾患的症状が生まれる、と短絡させないことが肝要である。当人の心と体の状態がどのようなものであるか、当人が何にこだわり、何に悩んでいるか、その内面を聴き取る「当人と伴走する他者」＝〈伴走者〉が傍らに居るかどうかが大変重要だと思われる。

ここで言う〈伴走者〉とは、「伴走」の言葉が示すとおり、日頃はいちいち介入はしなくて見守っているが、声を掛け合える距離感は大事にしている人のことである。その見守りは、ランナーの伴走者がするように相手のコンディションや疲れ具合などの状態についてである。そして、当人が相談したい様子であれば立ち止まってそれを受け止める。けっして相手を責めるとか、ただ檄を飛ばすようなことはしない。

要するに〈伴走者〉とは、身近な距離感を保ちながら、相手の変化に気づくことができ、その変化の個人的状態を聴き取ることのできる他者のことである。だから、その他者は、当人に何か不安や苦しいことが起きたときに、頼りとなるキーパーソンにもなり得る。

市場価値が全てを支配するようになってきた、この市場原理主義の社会では、ひとびとの細かな感受性までも「棄てられる」というか「そぎ落とされる」ほどのおたがいの個化の作用が強まるので、注意が必要である。ところが、その私たち自身が、市場原理社会に否応なく適応する内に、どういう結果を出したか、どんな数値だったかの目でものごとを、ひとを、見ることに慣れてきて、その慣れている私たちは、身近な親しいひと、いとおしく思っている他者に対しても、上記の「↓1」のような変化に鈍感になりがちである。

自己を省みる反省的思考が、結果として、身近な他者との関係性に対しても、ベストではないにしてもそれなりに必要な配慮を働かせる「伴走者」であることにつながるといえる。

七　不条理にめげない

～カミュ『シーシュポスの神話』を読んで～

アルベール・カミュ（Albert Camus：ノーベル文学賞受賞者）が、世界が揺れ動いている一九四二年に、二十九歳の若さでこの「哲学的エッセー」（訳者後書き）を書いたことに感銘を受けた。しかも、彼は当時の哲学書を引用・援用しながら、自身の開発した概念である「absurdité」（フランス語）の概念を駆使していること、なんとその論理的思考の鮮やかなことかと、感動した。

ところで、「absurdité」＝「不条理」についてであるが、同書を通読した印象では、「求めて尚得られぬこと」あるいは「希望無き中の希望」といった、矛盾の中にこそ真実があるという意味合いの言葉ではないかと、私は受け止めた。ちなみに『岩波　哲学・思想事典』には「不条理」の項目があって、カミュによって提起されたもので「人生と世界の無根拠性」を意味する、とされている。

さらに「人間は世界の偶然性を越えることができない」し、「理性で割り切れることができないのに、明晰さを執拗に求める」人間の姿、この対立こそ（カミュの言う）「不条理」であると。

私は、教育学部学生の時、卒論でドイツのヘーゲルの『精神現象学』を題材にして、矛盾の中を生きて自己を止揚する精神の自立性をさぐって、悪戦苦闘の末にようやく卒論をまとめあげた。この学習経験があるためか、カミュのこの著作には違和感なく、引き込まれていった。

ヘーゲルの多少の影響なのか、私にはむしろ「不条理」の肯定性に目が向く。つまり、カミュは、結局は、「不条理」を（きわめて精緻に）突き詰めながら、「不条理」を知って（あるいは抱え込んで）生きることの中に、個としての人間の、人間たるゆえん、すわなち、そうあらざるを得ない道理を認めていると読みとれる。

それが端的に現れているのが、書名にもなっている「シーシュポスの神話」の章である。英雄シーシュポスは、ある罪で地獄での罰を受ける。それが「巨岩を持ち上げて斜面を登って頂上に押し上げる」こと。しかし、すぐに巨岩は斜面を転げ落ちる。再び彼は下っていって、その岩をまた押し上げる行為を繰り返す。それを何百回となく繰り返す。

そこには希望などあるはずもなく、ただ絶望の連続と思いきや、カミュはとても新鮮な切り口と論理で、その意味を解読している。「麓（ふもと）へと戻ってゆくあいだ、この休止のあいだのシーシュポスこそ、ぼくの関心をそそる」（二一三頁）と彼は書いている。

この瞬間はけっして単なる息抜きではなく、シーシュポスにとってはある種の緊張の時間であり、またあの岩を仕上げる責め苦に対して向き合う、その意志をみせる姿は彼の強さであり、「かれをくるしめるあの岩よりも強いのだ」（同所）。なぜなら、「きっとまた（頂上まで）できる」という自信を取り戻すからである。

押し上げた岩はまた斜面を転げ落ちた。それをまた押し上げるとはと、絶望にさいなまれそうに読者は思うが、そうではない。カミュは「きっとやりとげられるという希望が岩を押し上げるその一歩ごとにかれをささえているとすれば、かれの苦痛などどこにもないということだろう」（同所）と書いている。

カミュによれば、同じ仕事をくりかえす現代の労働者もおなじ不条理の運命にあるといえるが、しかし、労働者が「悲劇」を感じるのは「かれが意識的になる希な瞬間だけだ」。ところが、シーシュポスは、「自分の悲惨な在り方をすみずみまで知っている。まさにこの悲惨な在り方を、かれは下山のあいだじゅう考えているのだ」（同所）。それは「悲劇」ではなく「勝利」なのだ。そしてカミュは、「侮蔑によって乗り越えられぬ運命はないのである」と。

だから、カミュにとっては「幸福と不条理とは同じひとつの大地から生まれたふたりの息子である。このふたりは引きはなすことができぬ」（二一五頁）。

こうしたカミュの視点、いや「不条理」に込めた人生の探求の視角を知って改めて同書の「不条理と自殺」などの章を読むと、「不条理」のもつ肯定性、「不条理」を感じ取る、あるいは認めること、それ自体におけるちからをカミュは一貫して言いたいのではないか、と思える。

たとえば、「みずから意志して死ぬとは、・・・・生きるためのいかなる深い理由もないということを、・・・・そして苦しみの無益を、たとえ本能的にせよ、認めたということを前提としている」（一六頁）と言う。そして、これは、「人間とその生との」「断絶を感じとる」もので、「これがまさに、不条理性の感覚である」と（一六〜一七頁）。

カミュは、文学（ドストエフスキーやカフカの作品の分析）、演劇、哲学と芸術の比較検討など、深い知識とするどい視点によって「不条理」を縦横に読み解いている。そこに一貫しているのは、思考する、という主体の営みである。

思考の明晰さでもって人生と世界を読み解くことはできない。理性では説明の付かないこと、つまり無根拠性（前出）への問い、その問いを思考する営み、これがこの人生と世界によこたわる「岩」なのである。

私たちは、シーシュポスほどではないが、その「岩」を押し上げるべく苦闘してどうにか「頂上」（ある答えらしき事柄）に持って行った。その瞬間、「岩」は転げおちていく（またもや、生きる意味を見失いかける）。

しかし、その「岩」を再び持ち上げるのをあきらめずに麓まで戻っていこう。また、必ず「岩」を押し上げることを、きっとやり遂げられるはずだから。

そのためには、なんと「不条理」であることかとただ嘆くだけではなく、その「不条理」であることへの感覚を棄てないでおこう。と同時に、思考することを放棄しないでおこう。持ち上げた岩が転げ落ちても、そこまで降りていく路程で、その「岩」と自分の営みとの関係のほぼ全容は見えているではないか。またあの「岩」と向き合い、持ち上げる苦闘をする。でも、そのおのれの姿を、おのれはちゃんと受け止め、認められる主体として、いま・ここにいるではないか。

そのことは確かなことだ。だから、現実の世界は不条理性・不確実性だらけであるのはその通りだが、その「不条理」と向き合う主体であるあなたは、実は、何ごとかを創造してもいるのだ。シーシュポスが、下り道で「またできる」と思考し、その「希望」が「かれをささえた」ように。

そのようにカミュはメッセージを読者に送りたいのではないだろうか。

ただし、「不条理」の解決として、絶対的な出口、つまり自殺をえらぶことが果たして「不条理」の解決たり得るのかどうかは、誰にも答えられない。なぜなら、自らの意志で死を選んだ人は、そこにいたる路程での、彼又は彼女による思考と自己の（孤独の中でのぎりぎりの）支えがあった、その結果であろうから。たとえ感覚的であったとしても、当人は、人間として生きることの固有の道をみずからの足で切り拓き、その人生を終えたその年齢のぶん、長いか短いかはともかく、生き抜いたのだから。

ところで、カミュは二十九歳の時、なぜあの書物を書き上げたのであろうか。彼が生まれて育ったアルジェリアは、一九六二年まではフランス領土であった。それは植民地に近いもので、自分たちの民族の主権は確立されていなかった。現在はアルジェリア民主人民共和国として独立している。カミュは、すでにフランスで活動していたが、祖国の独立直前の一九六〇年に自動車事故で亡くなった。

農民の子として生まれた彼は苦労して、奨学金を受けながら大学で学んで、卒業後執筆活動で世に打って出た。推測だが、アルジェリアの出身であることをずっと引きずりながら、当時のフランスやドイツの文学界との差別化を志し、自分ならではの「問い」のあるものを書き上げようと苦闘したのではないか。

二〇一五年一月、フランスで起きた新聞社襲撃事件にもアルジェリア出身者が係わっていることから、ふと気づいたことがある。それは、カミュの著作がとりあげた神話の人物「シーシュポス」はカミュ自身でもあるのではないかと。

刑罰とはいえ繰り返し巨岩を頂上に運んでは、その斜面を落ちた岩を抱えるためにそこを降りていく。いつ終わるのかも見えない、その繰り返しは「不条理」そのもの。しかし、カミュは、その下りの中にシーシュポスの強さを見いだす。あの岩をまた頂上に運ぶぞと意志を持つ彼は岩よりも強いのだと。

これは、一八三〇年代の頃からずっとフランス領として支配されてきた、アルジェリアがこうむってきた「不条理」の姿ともいえる。平和・独立の祈願はいつも打ち砕かれてきた。しかし、その祈願を実現する意志を持つわれわれアルジェリアの民衆は、われわれを支配するフランス政権よりも実は強いのだ。

なぜなら、この支配の構図全体が見えていて、なおかつそこで絶望しないで、独立の可能性に向かって一歩一歩、こうして歩んでいる、とカミュなら描くであろう。

にもかかわらず、なかなかそうはいかない。世界各国もすぐに独立支援に動き出すわけではない。それどころかヨーロッパではナチスの横暴な侵略との戦いが繰り広げられている。そういう世界情勢もふくめた「不条理」である。

若いカミュは、同書の「不条理の論証」の章の終わりにこう書いている。

「以上ぼくは不条理から、ぼくの反抗、ぼくの自由、ぼくの情熱という三つの帰結を抽き出した。意識を活動させる、ただこれだけによって、ぼくは、はじめは死への誘いであったものを生の準則に変える。――そうしてぼくは自殺を拒否する。（中略）いまや問題は論証ではなく、生きることだ」と（一一二～一一五頁）。

こうしたカミュの意志と情熱が、アルジェリア出身の若い世代にも教育によってきちんと受け継がれているのなら、イスラム教の信仰が係わるとしても、フランスへの反発や抗議の仕方がもっと違った、言論を駆使したダイナミックなものになるのではないか。少なくとも銃を一切必要とせず、むしろ「ペン」で戦うのではないか。そう思う。

八　希望への道筋、怒りを込めて大いに語り、歩みだそう

本稿をまとめている今、「安保法制関連法案」は強行可決され、衆議院を通過して参議院特別委員会で審議入りしたところである。今後の行方を注視するのはもちろんだが、憲法違反の声が多数の憲法学者からあがっていることを見れば、いったん差し戻して再検討するのが理性の府たる参議院のあり方だと思う。この「安保法制」問題をめぐって、明らかな変化が生じている。それは、学生や若い母親層が集会やデモに参加して意思表示をしていることだ。自分たちの将来、子どもの将来を心配しての行動であり、まさに市民的な決意の表れである。

こうした情勢のもとで注目したい本がある。テファン・エセル、エドガール・モラン共著、林昌宏訳『若者よ怒れ！　これがきみたちの希望の道だ～フランス発　９０歳と９４歳のレジスタンス闘士からのメッセージ』（明石書店、二〇一二年）は、刺激的な内容の本である。

副題の通り、かつてレジスタンス闘士としてナチスドイツのファシズムと戦った二人の著者が、自分たちの原点を振り返りながら問題提起をしている。だがそれは、単なる回顧的な教訓話では決してない。新自由主義が浸透し、外国人拝外の動きが活発となるなど、「自由・博愛・平等」の全人類的理念が根底から揺らいでいるフランスの現実を冷徹に見つめて、次代を担う若者たちの生き方に信頼と勇気を与える内容となっている。

第一部ではまず、地球的規模の問題として今何が起きているか。グローバリゼーションは、バラバラであった人類をつなぎ相互依存関係を生み出したが、その半面で、大衆の扇動、科学技術による破壊という恐るべき事態が起こり、もうけ主義と大量破壊兵器により生態系は破壊された。（フランスでも）新自由主義で社会は貧しくなる一方で、その考え方では人間の本質的問題の解決はできないことがはっきりした。

（フランスを基点に見るならば）今後は、ヨーロッパの一体感、自治権、政治的意思を確立してこそ、人間の尊厳と平和という今世紀最大のテーマに対処できる。（アラブの春以降）地球的規模での緊張状態が各地での紛争を引き起こしているので、その解決には、国民国家をコントロールできる「世界政府の樹立」を提唱する。

第二部の「希望への道」では、各論が述べられる。その内容は、とても具体的で、政治、経済、文化、教育など、ほとんどあらゆる分野にわたってまさに「道筋」を説いている。

読み進めて、私が大いに共鳴したのは次の箇所だ。

「われわれの社会にかけているのは、共感力である。つまり、他者の立場になって考える力であり、他者の境遇を思いやる気持ちである。（中略）同じ職場、さらには家族においても、おたがいの理解が欠けている。教育、そして医療や介護など、共感力が必要とされる分野においても、愛が不足している。（中

略）つまり、自分が教える知識を愛すると同様に、知識を授ける相手にも、愛を注ぐ必要があるのだ」（三六〜三七頁）

フランス版「いのちの電話」でも近年、孤独の相談が圧倒的に増えていることにもふれながら、社会全体に蔓延する病理を問いかけている。また、市民生活のトラブルの元になっているいらだちの背景には、合理化推進と競争力向上のための人員削減や組織の縦割り化がある。そこから来る負担や弊害が働く人びとの精神的ストレス、心身症や鬱、さらには自殺を招いている。

移民問題で揺れるフランスの現状分析も詳しい。要点は、フランス自体が多民族国家として形成されてきたのだから、「移民にフランス人になってもらう」のが筋で、抵抗すべきは外国人に対してではなく「国を蝕む国内の害悪」に対してなのだ。閉鎖的で無神経な文化に成り下がっているから、今のフランスは外国人を社会に統合できないのだ（折出注記：この指摘はヘイトスピーチなど排外的な言動が一層目立ち始めている我が国にも当てはまる）。

また、消費主義社会にも警告を発し、「モノの量ではなく、生活の質」、つまり「愛情、心、モラルなどの面での満足感」が大事だと訴える（四八頁）。そのためには都市部に人間性を取り戻し、農村部を活性化すること。

これら一連の改革のキーワードは、何か。それは「脱官僚化すること、弾力的な組織にすること、縦割り組織をやめること、公務員や従業員にやる気や柔軟性を与えること」である（五一頁）。

「国の改革は、公務員を増やすか減らすか、という選択ではなく、人間を心の通わない単なる集団としてではなく、自律した愛情をもった知的な存在として考えるためには、どうしたらよいのかという点にある」（同前）

この箇所は、たとえば、橋下大阪市長や河村名古屋市長、ならびにその下で公務に従事しているすべての職員の方々に是非読んでもらいたい部分でもある。

ところで著者たちは「若者よ、たちあがれ」と説くが、それは単に檄を飛ばしているのではなく、次のような、しっかりとした若者観に基づいている。

「若者は、最も脆弱であると同時に、最も強い存在である。なぜなら、彼らは、親の庇護から抜けだして大人の世界に入ろうともがいている、社会的に不安定な存在であると同時に、エネルギーに満ちあふれ、大きな野望を抱き、激しく怒ることができる存在であるからだ」（五九頁）

上記は二〇〇五年のパリ郊外での若者の暴動、二〇一一年のロンドンでの暴動を冷静に分析した上での見解である。解決の鍵は、「若者を単に支援するのではなく、彼らが抱える問題を一丸となって解決し、社会から排除されている若者の存在意義を認めていくことだ」と著者たちは説く。

「モラルの再生」「労働の再生」「多元的経済への転換と拡充」、社会的格差解決のための「常設委員会の設置」、そして「教育の民主化の推進と教師の尊厳回復」。いずれも個々の提言には信頼性がある。

著者たちが言うには、いま私たちは「新しい政治」、つまり「無気力、無関心、あきらめからわれわれを救い出す政治であり、生きる意欲をかきたて、よみがえろうとする政治」を必要としており、この本で具体的に述べたいくつかの提言を手がかりに、その方向に向かって立ち上がることが、すなわち「希望への道」なのだ。

だから、この本は、特定の政党や組織との協定を差し出すのが狙いではなく、むしろ市民運動や良識的な反乱に力を貸したいために書かれたものである。すなわち、「市民の要求に見合う政策が生み出される」（一〇七頁）ことこそ、いま市民社会と国家が蘇る最大の要なのだから。それは、著者たちの暮らすフランスでも、私たちの日本でも、細部はともかく基本的な道筋としては、全く同じ事なのである。

九　子どもと向き合い、子どもを信頼することの力

1　作品の物語

「支援」「ケア」の言葉が当たり前のように使われているが、それらは人びとの生き方にどう関わることなのか。アメリカ映画作品「ショート・ターム（Short Term）１２」（二〇一四年公開）は、そのことをストーリーとして描いている作品である。

「ショート・ターム」は、「何らかの家庭問題によって心に傷を持つ　ティーン・エイジャーのシェルターであり、（短期間受け入れる）更正施設の名前」である（同映画作品解説冊子より）。その日常で起きる若者たちの様々な出来事・トラブルと、これを受け止め支援する二〇代の若きケアテイカーたちの関わり、対話と模索、相互の自立を描いた約九〇分のヒューマン・ドラマ。

解説で作家の原田ハマ氏が書いているように、ここに登場する若者たちは、支援される側もする側もそれぞれに「心に闇を持っている」。

女性スタッフのグレイスと同じ施設で働くボーイフレンドのメイソンの間には子どもができたが、グレイスはかつて父からの性的虐待の被害にあっていた。その深いトラウマから彼女は出産と結婚に迷う。

そこに、ジェイダンという訳あり風の女子が入所してくる。所長の知り合いに頼まれて、というコネでの入所であった。彼女は第一印象は冷たい感じで、頭は切れるが、あまり人と接しない。自傷行為も見られる。彼女にも、父からの暴力被害の体験があった。

それを彼女は「サメとタコ」のとても悲惨な物語につくりあげた（後述）。

十八歳の誕生日を迎えるとそこを出て行かなくてはならない。マーカスがそうであった。母親を心から憎んでいる黒人の若者マーカスは、そこを去る日が近づくにつれて不安がつのり、パニックを起こす。メイソンがそばに寄り添う中で、マーカスは、激しい葛藤をラップの歌に乗せて、思いっきり吐き出す。その物語は母親のネグレクト告発ともいえる、非常に深刻なものであった。メイソンは、はじめてこの少年の「闇」を知らされ、語る言葉を失った。

ジェイダンが父親に急に引き取られたこと、マーカスが退所を前に自殺を図ったことなど続いて起こる「事件」に疲れ果てたグレイスは、その窮地から救ったジェイダンに「良い母親になれるよ」と励まされ、意を決して、メイソンと共に産婦人科に検診に行く。

エコーで見える胎児が大きく映り、その心臓が鼓動しているのを見た瞬間に、私は自分の体験を重ねていた。娘の第一子、Ｓクンの出産直後に産婦人科の病室を訪ね、いま生まれたばかりの彼と対面したのだった。

だが、重くるしい映像ばかりではない。長編は本作が二作目という新人監督のＤ・クレットンは、若い世代の者どうしの心がふれあい織りなす彩、味わい、深みをさらりと織り込んでいるので、つい共感も湧き、終わるまで物語に惹きつけられていく。

先の原田氏がコメントでまとめているのでそこを引用しておく。

「闇が深ければ深いほど、やがて訪れる夜明けが美しいことを、本作は教えてくれている。どんな子どもにも未来がある。いかなる人にも夜明けは訪れる。そう、あなたにも、私にも」（原田ハマ「明けない夜は、ない」『SHORT TERM12』（非売品）、三ページ）。

2　児童福祉の〈伴走者〉

この映画作品は、児童福祉の職員の方々はもとより、学校の教師も、そして保護者の方も、機会があれば是非ご覧になられてはいかがだろうか。また、将来、広い意味での援助専門職を目指す若い方々にとっても、必見に価する作品である。

この作品が問いかけている〈伴走者〉の意味をまとめておきたい。

この施設で働くケアテイカーたちは二〇代の若さである。それぞれに養護施設で育ったり、少女期に父親から性的虐待を受けたりしていて、他者との関係では心に深い傷も負っている。だから、という単純な理由ではなく、徹底して相手の側に立とうとする姿勢で、まず相手の気持ちを聴き取るように入所者に接している。

その施設に入ってきたジェイダンは「サメとタコ」の童話を創作して、女性スタッフのグレイスに聞かせた。友達のいないタコにサメが「仲良くしよう」と近づいて、友情の印に足を1本食べたいという。それは繰り返され、ついに「きみが全部欲しい」と。なんと、このお話は彼女自身が父親から性的な虐待を受けてきた、そのものだった。

傷ついて他者を信じられないこの少女が、ボーイフレンドとの間にできた子どもを産もうかどうしようか迷うグレイスを励まし、支える。「いいお母さんになれるよ」の言葉を彼女にかけるというさりげない接し方で。まさに、働きかけるものが働きかけられる。職員も子どもも、互いに生きるとは何かを学び合う。ここには学校教育や児童福祉が立ち返るべき原点がある。

「支援」や「ケア」がスキルにとどまるなら、それだけでは子どもの心は開かない。ヘルプを出すことを押し殺して生きてきた者は、安心できる他者の前ではじめて自分を表現できる。現場のスタッフは「私の声は子どもに届いているか」「この子どもにとってケアとは何なのか」と日々問い、揺れながらも、今の自分のできることを尽くして頑張っている。その謙虚さと誇りを持って実践者が子どもの傍に立ち〈伴走者〉となるから、寒風の中のコートのように、暖かくふんわりとかれらを包み込むことができる。すると、子どもは他の教員や職員には見せない自分を、信頼できるあなたにさらけ出すことさえある。たとえば、ずっと不登校で来た生徒が定時制高校に入って、「やっと教室で息ができる」と語ったように。

たとえショートの時間であっても「安心できる場」「自分を出せる他者」と出会えたことは、その人がこれから生きてゆくロングの時間の中にしっかりと息づいていくのだ。現場で苦労されている若い方々は、本作を観終わって、今を生きる自分を応援してもらった熱いものを感じて明日への元気を得るにちがいない。

十　ある中堅教師へのメッセージ

　こんにちは。年賀状からも頑張っている様子がうかがえました。このたびの葉書を読みました。いまの教育や国のあり方を考えておられることに敬意を表します。

　まず、あなたがいう「危機感」がわくのは健全な実践家としての意識だと思います。かといって、周りの同僚たちが「危機感無し」でいるというように単純に見ないこと、またそのように決めつけて同僚のことを見下さないでほしい。

　というのも、この二十年間、学校と教員社会にも、達成目標を立ててその結果を出してエビデンス（証拠）が物事をきめるという市場原理主義が導入され、自己選択と数値による結果、自力の改善という効率主義の管理が浸透してきているからです。例の「PDCA」（プラン・ドゥ・チェック・アクション）のサイクルもその象徴です。

「何のために、どういう関係性を築いて、どのように変わって欲しいから」という、教師にあってもっともな感情や感覚が、市場原理型の成果主義に適応する内にそぎ落とされていくのです。すでに、富士通などの大手会社が、同じ成果主義によって企業内の混乱が起きて、改善に取り組み、職場内のチームや関係性に力点を置き始めてきたようですが、教員社会には教員評価にプラスして、全国学力テストによる「結果と序列」の圧力が加わり、息苦しさが増していると思います。

こうして、疑問を持てば自分がつらくなるので、そういう「問い」をみずから封印して、とにかく「やらねばならない」（指示される）事柄をこなしていくようにする。これがいまの職場の雰囲気の根底にあります。

残念なのは、また教育としては大きな問題であるのは、その市場原理型の評価の目線で、子どもたちをも見てしまいがちで、そのことを過敏に感じる子どもが反発し、いらだちます。この教師と子どもの関係性のゆがみが、クラスによっては露骨に現れているでしょう。

「学力」の考え方も、関心・意欲・態度までふくめて「学力評価」を行うとして以来、はやくも二十五年近くになりますが、その結果、一番肝心な基礎学力、すなわち知識・理解・技能の獲得の結果としてある達成を可能にする能力、という意味での学力がおろそかになりがちである。通常通りまじめに授業を受け、提出物も期限通りに出し、教師の指示にも素直に従う。そうすれば一定の「学力評価」になってしまう。そのコアとなる思考力・判断力・論理構成力のような狭義の知力が不安定なのが、全体としての態度主義的「学力評価」のなかでかくされてしまう。

また、あなたは、「言語活動」が今大流行だが、今のやり方では「物事の本質を読み、批判的に考える力」が育たないままになるようで、これでいいのかと危機感を感じるとのことです。これはまったく健全な疑問です。

知の力をこのまま脆弱にしておいて、二〇一八年度から導入予定の「道徳の特別教科化」がおこなわれると、ますます子どもたちは、外から与えられる価値基準に従順になることが今の社会では高い評価を受ける生き方だと思ってしまうでしょう。

では、どうすればいいのか。

市場原理型の評価システムや関係性の管理の弱点は、教育の現場に即して言えば「何のためにそうするのか」「子どもにはどういう力が育つことになるのか」「教師である自分にはどのような成長の契機になるのか」の三つの「問い」を、自分の（実践家の）言葉で語り合う場を確保することです。校内の学年会などの小さな会議からでも良いし、地域の教師のサークルでも良い。

それと、このような暗澹たる職場の中にあってもなお、変えるとしたら何から出来るか？　とか、このような真綿でしめつける管理の狙いは何だ？　という内側から起こる自分の意志ある行動は、小さいが、創造の要素を確実にもっていることを忘れないようにしてください。

要するに、このシステムの圧力の只中で、自分がつぶれない力を確かにこうして持っていること、それは、「物言わざる」サザエさん（貝のサザエのように口を閉じること。かつて管理主義教育の愛知で現場教師が自嘲してこういった。）になっている同僚もほぼ同じであること。だから、そこに対話の糸口はあることを読み取ってください。

みんなも、自由に今の教師の気持ちを語り合って良いなら言いたいことを一杯抱えています。そして、それは、子ども集団が内部に持っている矛盾やいらだちと、通じ合えるものであることも大事な視点です。

ここに着目して日々の仕事を工夫していけば、少しずつ職場も変わっていきます。一見、手間が掛かり回り道のような関係性を取り戻すことの中に、教師が自信を取り戻す道があるなら、やってみない手はないと思いますが、いかがでしょう。

声高に行政のやりかたを批判しても「花火」で終わってしまうので、むしろ、足下から、教育実践者としての言葉を取り戻し、そのスピリットを自分たちも再確認し、それを横のつながりに可視化していくことです。前章のカミュの作品でも述べたように、不条理は、外からよりも内から変えていくのが、変革の力になっていきやすい。

十一　子どもたちと共に人生の「窓」を開けよう

～見守り、演じ、「明日」をみつめて～

【解題】二〇一五年六月二十一日に、「第二十回登校拒否・不登校問題　全国のつどいｉｎ愛知」のプレ集会が企画され、実行委員長である私が講演をした。その全部ではないが、大半の部分を文章化したものである。講演記録からすると話し言葉のまま集録することも考えたが、それではどうしても冗長になりやすいのと、講演の全体が本書の主題にせまる論旨であることから「である」体に統一した。

＊＊＊

「人生の『窓』を開けよう」というタイトルにしたのは、子ども自身が、それから、ここにいらっしゃる皆様の一人ひとりが、自分と世界がどうつながっているかということもあわせ見ていく必要があるということからである。

自分と外の世界をつなぐ「窓」を見つける

現在は中学生になっておられる、小林凜さん（俳号）、お名前は小林凜太郎さんというかたがいる。

彼は、『ランドセル俳人の五・七・五』（初出二〇一三年、（株）ブックマン）という本で自分のことについて、「今、僕は、俳句があるからいじめと闘えている」と書いている。

その本の中にはお母さんの手記も載っていて、小林さんは、生まれたとき、未熟児で生まれて、ずっと幼児期も通院し、治療を受けながら小学校に入学した。

そういう状態なので、歩く時も手を大きくふったりして体のバランスを取るので、子どもたちから「おばけ」と言われ、いじめが始まった。それどころか、後ろから突いて、まわりがはやしたてることが続く。彼の保護者は、学校にいじめがないか相談されたようであるが、この本を見る限りでは、必ずしも改善はされなかった。

手記によると、教師のほうから「凜太郎君にもそうされる原因がある」ということまで言われ、非常に「ずれ」を感じたという。それでも我慢して、2年生まで耐えて登校していたのだが、相変わらずいじめがおさまらない。本人も非常に消耗して、これ以上続けられないということで、「自主休校」と書いているけども、凜太郎君は不登校になったわけである。

それが小学校6年生まで続いた。その中で、凜太郎君のおばあさんが、一緒に散歩に連れ出して、ヒントを与え、五・七・五で表現することを覚えてから俳句に興味を持って、どんどんつくったものをまとめたのが、この本である。

いくつか、紹介しておこう。

「いじめられ行きたし行けぬ春の雨」

「おお蟻よ　お前らの国いじめなし」

「尺取り虫一尺二尺歩み行く」

三つめの句には、本人のコメントがのっていて、十一歳のときにつくったそうであるが、「いじめられて学校を休んで、道で尺取り虫に出会いました。人生あせらずゆっくりいこうと思いました。作者より」。

言葉に対する、そうした鋭い感覚をもち、保護者の援助もあり、俳句の世界に興味をもって、それがささえになったのだなと、おわかりになるであろう。

小林凜さんにとっては、学校に行けなくなったその自分と、蟻や尺取り虫や、そういう自分以外の生き物・自然とのつながりになる「窓」に俳句がなった。私は、この意味で彼が俳句と出会ったところに着目したい。

そういう形で凜さんと世界がつながる中で、同年代のお友達とつながりたい、出会いなおしたいということが、彼の一つの「窓」である俳句の表現世界の中に現れているのではないだろうかと思う。

俳句をとおして、一番身近な保護者や、同年代のひとたちと出会い直すことにもなっているということを見ていく必要がある。

長崎の佐世保市にすむ中学三年生のTさん（女子）も、小学校低学年のときのいじめがきっかけとなって、以来ずっと不登校で、中学3年生の現在も不登校状態である（注記：二〇一五年四月からは高校に入学した）。

彼女は、不登校を考える、あるいは、いじめや自殺を考える集まりには、必ずといっていいほど参加する方である。二〇一五年二月、長崎県五島福江で開いた「映画『青い鳥』と、いじめ・自殺を考えるシンポジウム」でパネリストになって発言した際に、フロアから、「あなたが、ここまで耐えてこられたのは、なぜなの」という質問がだされた。

彼女がどう答えたかというと、「私の場合は、アニメである」、そう言った（注記：後日聴くと、「どらえもん」の作品だそうだ）。そして、本人が「何でも良いから自分の好きなものを手がかりに乗り越えていけると思います」と語ってくれた。先ほどの小林凜さんと同じで、彼女も自分が世界とつながっていく「窓」をもっている。二人は、世界と自分をつなぐ「窓」を（周りの援助も受けながら）自分の方からつくっている。

この「窓」を見つける役を子どもにまったく丸投げすることなく、一緒になって行ってはどうか。身近にいる親御さん、親せきの方、あるいは大人の方には、その子どもに伴走する〈伴走者〉として、子どもと一緒に「窓」を見つける役割があるのではないか。

誰にとっても、自分の人生を切り拓いていく「窓」は要るし、それは見つかると思う。

「自己肯定」の縛りを超えて

長崎の不登校・ひきこもり情報誌『今日も私は生きている。』第二号（編集・発行　同編集部、私家版、二〇一四年十二月発行）に、ペンネームで「水素化かりぅーむ」さん（男性、化学式はＫＨとなる。）が、長い「当事者手記」（同冊子、八〜十四頁）を書いている。

ＫＨさんの場合には、不登校のきっかけは、中学を卒業して全寮制専門学校に入ったときのことだ。小学校や中学校のときは、学校に通うことは何の抵抗もなく、通うのが当然のことだった。

ところが、彼は全寮制の専門学校に入って、周りの人からすると目につくことをやった。そのことで寮のみんなから浮いて、彼の言い方では「梅雨の訪れを待つことなく」五月にやめてしまった。やめざるをえなかった。

そのことが、ずっと尾を引いて、早く戻りたいと思いながら戻れないということで、苦しむわけである。

その後すぐに公立夜間高校に入り直したが、同年代の若者たちのワイワイとしたにぎやかな空気の中で、かえって「とけこまなきゃ」と緊張してしまい、焦ればあせるほどうまくいかない。「友達を作らなきゃ」という焦りから上滑りをして、遅刻をしたり、行きづらくなって休んだりを繰り返し、結局４年かかり、二十歳で卒業。その間、自宅とフリースペースと病院のカウンセリングの間を行ったり来たりした。

このKHさんも、「なぜ、自分はこうなったのか。もし、公立の普通科に行っていれば、こうなることはなかったのではないか。あの専門学校に行ったことで、こうなってしまった」と、自問自答するわけである。彼は、今の生活態度を切り替えれば何とかなるかもしれないと思って、九州旅行に出かけた。だけど、どこへ行こうと、疲れてつらくなって戻ってきた。イスタンブールにも行ったという。さらに、近くの喫茶店の店主からすすめられて四国遍路の旅にも出た。その四国の旅の中で、彼は「普通である事をやめたわたしを、ずっと許せずにいる『わたし』がいること」に気づいた。あらためて考えることができた。

その時に、「学校に行かなくても良いのだ」という「自己肯定感」をもてた気になっていたのだけれども、それは「ただ『良い子』でありたいから被った仮面だったのではないか」と、彼は書いている。

年代の違いはあっても、人とつながり、心の中でどう世界とつながっていくかという、そういう「窓」を彼も模索している。

そのことに私たちはどう応えていけるのか。その問いを受け止めてあげられるのか、ということを考えていく。不登校の子が投げかけていることを見つけてあげられるのか。これが大事なのではないかなと思う。

いま彼は、この手記が掲載されている情報誌をつくる活動に参加し、編集メンバーに加わって、そこで元気にやっている。仲間との新しい情報誌づくりが、自分が世界とつながっていく「窓」になっていると思われるのである。

その子の「輝き出そうとするもの」を見ること、受け止めること

いくつかのストーリーを紹介したが、子どもの非行の問題にも関心を持っているかたもおられるであろう。

思春期の問題と向き合って、全国的にケアのあり方について活動している水島広子さんが述べている、「ランプの光」と「ランプのかさ」のたとえで支援の問

題を見ることの視点をお話ししたい（水島広子『思春期の意味に向き合う　成長を支える治療や支援のために』岩崎学術出版社、二〇一二年）。

水島さんが言っているのは、私たちは、ともすると子どもの繰り返す問題行動や、親や教師に対する暴言、非行その他の事象をみるときに、ランプの「かさ」を見て、その向こうにあるランプの「光」を見ようとしないことはないか、ということだ。水島さんが言いたいランプの「光」とは、子どもの持っている、内発的な、自分を輝かせるそういう可能性である。

子どもたちを見るときに、事象に追われて、そこに現れているものを見てしまう。当人の心の中に起きている葛藤や、子どもが本来もっている、人とつながりたい、つながっていきたいという当然の要求、そういうものが、屈折した状態で外に現れる（注記：アクティング・アウトと呼ぶ）。

先日、（非常勤講師として勤めている）愛知県立大学の学生をつれて、「教育臨床」の一環で、愛知県にある瀬戸少年院に行って、法務教官の話をうかがい、施設を案内して頂いた。

そして、地元の民放でも放映された場面のＤＶＤを学生と一緒に視聴した。少年院に入ってまだ二ヶ月という少年に、面接をする場面が私には印象に残った。上級生から「金を出せ」と脅されて、金を出すために、お母さんに言ってもお母さんは応じてくれないので、ついに包丁を突き付けた。そのことで家庭裁判所の審判があって、ほかにも問題を起こしていたこともあり、少年院に入った。

その面談で法務教官は、二ヶ月目の彼を、「どんなひどいことをしたのか、わかっているのか」となじる場面はない。どうして包丁を出してしまったのか話を聴き、法務教官が、「自分の母親に包丁を突き付けるというのは、人としてどうなのだ」と、やさしく語り、本人に考えさせる。本人自身がどうあるべきかを選び取っていく。そういう働きかけをしていた。

教育にかかわっていると、「指導しよう」「立ち直らせよう」と、あるべき方向に誘導しようとしてしまう。でも、本当にその人がわかって立ち直っていくためには、その人のランプの「光」に届くようなアプローチやかかわり方が必要になる。

「問題行動」や「引きこもり」など、目の前のランプの「かさ」に目がいってそれを「解決」しようとあせるけれども、その子の「光」を信じて、そこに働きかけることができているだろうか。

子どもの「光」を信頼することは、働きかけるこちらが自分の「光」を信じることがないと、それができない。

私（折出）の挫折、出勤困難体験から得たこと

こうして人びとのケースを言っているけれども、私自身、三十八歳のときに、心身症で出勤困難になった。倒れて、一年以上、つらい時期があって、そこで得たことがたくさんある。倒れた背景には、集団教育学という新専攻設置の学内責任者として申請の準備に当たっていたこと、原稿用紙で約五百枚の単著を書くこ

とで、夜も起きて仕事をしていたこと、そこへ父親の死去という事態を迎えたこと、であった。

一つは、自分と向き合うことのつらさということを経験した。

その時は、連載の原稿もすでに依頼のあった講演も、関係のあちこちへ連絡して断った。大学も授業だけは続けたが、他の委員会等は一切はずしてもらった。このことは今でも所属教室に感謝している。

今でも鮮明に覚えているシーンがある。ちょうど季節的に今から少し前の時期五月の晴れわたった日に、授業がなかった私は、朝から横になったままである。仕事しているつれあいと子どもたちが、「じゃあね、行ってきます」と出て行った。寝ていると、窓から五月晴れの空が見えて、団地の公園から鳥の鳴き声がして、外の世界がすごくうらやましかった。でも自分は仕事する気力がわかない。

「いったい、これは何なのだ」ということが何日か続いたときの自分の気持ち。

静かな部屋にぽつんといる。そうすると、なぜか、故郷の広島の、少年時代の実家の家が繰り返し、繰り返し出てくる。父が亡くなって広島に帰って小さな墓石を作ったが、その墓石がでてくる。繰り返し。

ああ、これはいかんなと思った。回復したあとに気づいたのは、こういうことが続くと、自殺を考えるのかもしれない。もっとも私はそうはならなかったが。

家族も心配してくれたのであるが、気持ちの中で、孤立無援感がのしかかってくる。これは、年代を問わず、学校にいけなくなった子どもの気持ちによりそうときに大切なことかと、今では思っている。

二つめには、自分を社会に出せていた時の道具が自分を圧迫するということ。和室には、壁三面に高い本棚があり、哲学や思想の本が手前と奥と2列に並んでいる。でも、ドイツの哲学者の本が、私を襲ってくるのである。だから、列の後ろに隠して見えないようにしたり、段ボールに入れたりした。圧迫されるようで見たくないから。

ひきこもっている子どもが、自分の大事にしてきたオーディオ、ギターを壊してしまう事例があるが、私は、自分が体験するまではわからなかった。体験してわかった。

そういう、自分の居場所を見失うことは本当に痛い。日ごろなにげなく作ってきたアイデンティティー、そういうものを見失う。自分が自分であることの確かさを取り戻すために、どう私たちが当人にかかわっていくか。これが〈伴走者〉としてつながっていくうえで大切だと思っている。

三つめに人の痛みがわかるようになる。これも私の体験から得たことである。

落ち込んで、出口が見えない状態のときに、ある実践記録を見た。

そこに登場する高校の女子生徒は、いろいろあって退学することを決めた。ある日、夜にお父さんに頼んで車に乗せてもらい、高校の制服を着て自分が通っていた母校に行き、帰ってきた。そこから回復したという話である。自分だけの高校を確かめたかったのであろう。

私は、それまでだったら、わかったつもりになっていた。自分が体験して、彼女の思いが本当にわかり、こみあげてきて涙した。生きることのつらさがしみこんできた。

四つめ。一人一人、自分の弱さと共生する、ともに生きる。そういうことが、私たちの存在のあり方として大切である。一年余りの体験からそう思っている。どちらかというと、私は負けずにがんばるタイプで、やれることはどんどんこなしてやってきた。その折出自身が弱さと向き合って、人と人とのつながり、支援を求められたらこたえていくことを覚えた。そういう、私流の「私との出会い直し」、生き方についての「学びなおし」であった。

外の世界と自分が断ち切られたような自分を受け入れ、どう世界とつながりなおしていくか、そこをもがきながらでも探している。おそらく、不登校の子どもにはそのことが、個人の学びとして蓄積されていっている。それは、学校の学びとは違う。

本来は、学校がそれをすべて引き受けることはできないかもしれないが、個々の教科とは違う、生きる意味の学びを、個々の先生がどこまであたえられるか。それが学校にも問われている。

そのことを見ていかないといけない。不登校問題は、学校に行けない子どもたちだけの問題ではない。

不登校の背景：学校はどう変わってきたのか

一九八九年に、「新しい学力観」というかたちで、大きく日本の教育がギアチェンジした。その時のスローガンは、「個性」の重視、「自己教育力」の育成、そのための「新しい学力」を育てる、その方向に転換するということであった。

そして、「関心・意欲・態度」「思考・判断」「技能・表現」「知識・理解」をもって「学力の基本」とし、これらを評価して、学籍簿に当たる指導要録に残すということである。

それまでは、学習して到達した状態をテストではかって、かなり限定して学力をみてきた。しかし、気持ちの持ち方まで学力の要素としたことは、大きな問題をかかえ、それが、今でも続いている。

もともと、学力とは、習得可能なように組まれた教科内容を学習して到達した能力の状態のことをさし、子どもの感性を表現するような分野に対しては、学力として評価することには慎重でなければならないと言われてきた（たとえば、勝田守一の教育学説）。

八〇年代後半からわが国に、市場のルールによる競争で価値づけられる秩序社会をめざす新自由主義が導入され、それと符合するように新学力観が登場したのである。

愛知県は、全国に先駆けて、公立高校入試に複合選抜制度という、受験機会の複数化を組み込んだ入試制度を、県民の反対もあった中で導入し、当時文部省のやりたいことを率先して行った。以後は、中学校時代の子どもたちが受験でいっそう選別を受け、きめ細かく輪切りにされていくこととなった。

複合選抜制のもとで愛知県は、尾張学区、三河学区の二つにわかれる。上位の子は複数受験でチャレンジできるが、かなりの子どもにとっては進学先の確保のためには、尾張学区のA高校は無理なので、何時間もかかるB高校に行くしかないということが起こりえる。

今、全国的に「一斉学力テスト」、「学力向上」運動で、子どもたちをおいたてている。

不登校の子どもたちがもっと学びたい、新しい世界に出会いたい、と願っているそういうものとはちがう現実が学校にある。本当の意味での学びから追いやっている学校の問題もみて、その改善を求めていくことをやっていくことが必要ではないか。現実は、午前8時から7時間、8時間を学校時間として過ごし、その間に、科目の授業がある。授業の中では気を許せない。提出物もきちんと出さなければならない。

一昨年の二〇一三年七月、名古屋の中学生がマンションから転落死する事件があった。同事件に関する名古屋市の検証委員会の報告によれば、背景に、いじめがあった。もう一つは、提出物の問題等の学力評価のあり方にかかわる出来事があった。この学校では、その日のうちに提出させることを厳しくやっていた。お母さんには「出したよ」と言っていた提出物を出していなかった。そういうことが重なっていたと、検証委員会の報告で言われている。少年は自分が嘘をついたことを責めていた。今の新学力観の評価のしくみが、間接的には彼を追い込んだということである。

新学力観が全面実施になって以後、統計上は、小中学校の不登校児童生徒数は学年進行するのに相呼応するように増えてきた。年度を抽出すると、一九九一(平成三)年で六万六千八一七人、一九九三(平成五)年は七万四千八〇八人、

二〇〇一（平成十三）年には十三万八千七二二人、二〇一三（平成二十五）年は十一万九千六一七人。

この新学力観は愛知は複合選抜制と重なるわけだが、子どもたちにとっては、プレッシャーになっている。ほぼ人格丸ごとの評価体制に変わったので、子どもは、学校にいる間も、帰宅後も気を許せない（授業中の態度、学級生活への積極性、教科ごとの宿題、提出物など）。

評価は「内申点」といって高校受験の中学校成績につながるものなので、日常的に子ども同士の腹の探り合いも生じ、仲間と心をあわせて、いじめ問題を解決するために話し合いや取り組みに参加するとか、なかなかそういうことにはなっていかない。こうした制度のもとで、子どもたちは、何とかしてほしいと叫び続けていると思う。

保護者は保護者なりに、先生は先生なりに、全ての子どもたちが通いたくなるような学校のあり方を求めて声を上げていかないといけない。

子どもたちは不登校になっているときに、その一人一人が〈自分はこれでいいのか、何をしたいのか〉の迷い・もがきをかかえて、新たな学びを探している。それを、かつてのように「自分探し」などと言わないようにしよう。その子なりの、人生の中での新たな世界とつながる「窓」をさがしていると捉えたい。

そこに私たちは、保護者として、教員として、子どもに伴走する〈伴走者〉として、かかわっていこうではありませんか。

不登校の子は問い直しをしている。「学校に行かない・行けない」現象は、広く見れば、学びなおしをもとめている。それまでの「学校的学習」の殻を脱して「学びほぐし」（unlearn の鶴見俊輔訳）を試行する姿だといいたい。

ある一面だけをとってみれば、部屋にこもって、ゲームだけをしているように見えるかもしれない。でも、それは、その子なりに、自由な時間をどう使ってよいか、迷いながら学びなおしを探している。

そして、自分と外の世界をつなぐ「窓」を探し、新しい自己との出会いを探している。それが何なのか、一緒にさがしていこうではありませんか。

【付記】拙論「新学力観の批判」が『愛知教育大学研究報告』一九九四年版に収録されている。論文検索サイト「ＣｉＮｉｉ」で「折出健二」名で検索を掛けてくだされば、拙論が何本かヒットするので、その中から選んでダウンロードしてご一読頂ければ幸いである。

あとがき

今年（二〇一五年）の夏は格別です。連日の猛暑日もその一つですが、全国からたくさんの参加者をお迎えする大事なイベントを愛知で行うからです。それは「第二十回登校拒否・不登校問題　全国のつどい　ｉｎ愛知」です。二〇一五年八月二十九日・三十日、愛知県犬山市を会場にして開かれます。

私は、その実行委員長を務めることとなりました。暑い中「つどい」に参加してくださる皆様に、なにか形としてそれぞれの方の思いに届くようなものをと考え、まことに僭越ですが、小著の刊行となったわけです。

六月の下旬に右の「つどい」のプレ集会として私の講演会が企画され、つたないお話をさせていただきました。そのテープ起こしを「つどい」現地事務局長の柘植達志さんが担当してくださり、その文章を一部割愛したり加筆修正したりしてこの本に収めました。私自身の心身症による出勤困難状況で苦しかったこと・悩んだことを人前で話すのはこれが初めてでした。

また、〈伴走者〉という本書のキーワードは、ちょうど一年前の『中日新聞』二〇一四年八月二十九日付夕刊「文化欄」に寄稿の機会をいただき、小論(「教育再生の鍵は『他者』にあり」)を執筆するにあたり、一般の方々向けにこの用語をわかりやすく述べました。一部修正してその全文をこの本に収めました。

小著は、時期的に、日本の平和と安全の将来をうらなう歴史の重大な分岐路の場面で、世に出ます。私は、広島市出身者の一人として、一九四七年制定の教育基本法とほぼ同じ年に生を受けて今日まで至った者として、日本国憲法の前文および第九条の平和主義の立場こそ、(それを擬人化して言えば)私たち日本人にとっての偉大なる〈伴走者〉であることを改めて思い至ります。圧倒的な世論で、立憲主義の筋道に沿った着地となることを願いつつ、あとがきに代えます。

末尾になりますが、短期間の企画・編集にもかかわらず多大なご援助をいただきました、ほっとブックス新栄(名古屋市東区)のみなさん、ならびに作品を表紙画として使わせていただいた山下弘喜画伯に、厚く御礼を申しあげます。

折出　健二

折出　健二（おりで・けんじ）

1948年、広島市生まれ。

広島大学大学院教育学研究科博士課程中退。

国立大学法人愛知教育大学理事・副学長を経て、同大学名誉教授。2015年より人間環境大学看護学部特任教授。

専攻は教育方法学、生活指導論。

著書『人間的自立の教育実践学』（創風社）、『教師のしごとシリーズ１　生活指導とは何か』（共著、高文研）他

2015年８月開催の「第20回登校拒否・不登校問題　全国のつどいｉｎ愛知」実行委員長。

そばにいる他者《ひと》を信じて子は生きる

――〈伴走者〉という役割――

発行日：2015年８月29日

著　者：折出　健二

発　行：ほっとブックス新栄

発行者：藤田成子

〒461-0004　名古屋市東区葵一丁目２２の２６

Tel：052-936-7551　　FAX：052-936-7553

印　刷　　エープリント

ISBN 978-4-903036-25-0　¥1100